ediciones**carena**

CANALIZADORA: HELENA VILÀ GONZÁLEZ

CÓMO CONTACTAR
CON TUS SERES FALLECIDOS

LA VOZ DE LOS MAESTROS

FOTOGRAFÍA: CARMEN COLL MIRALLES

Primera edición: junio de 2024

© Helena Vilà González, 2024

© Ediciones Carena, 2024

Ediciones Carena
c/Alpens, 31-33
08014 Barcelona
T. 934 310 283
info@edicionescarena.com
WWW.EDICIONESCARENA.COM

Diseño de la cubierta: Ivette Guedella Reyes

Corrección: José Membrive

Depósito legal B 11025-2024

ISBN 978-84-19890-71-9

Impreso en España - Printed in Spain

Este libro está dedicado a todas las almas conscientes en el proceso de ascensión, tanto para los humanos como para aquellos que han elegido una forma física y especie diferente a la vuestra, pero no por eso menos importante y de tanto embate.

En este libro se dará testimonio de los propósitos, formas de pensar y sentir de todas las almas, sean de la especie que sean, independientemente de su proceso evolutivo.

Bendiciones
Los Maestros

Nota

Todas las experiencias descritas en este libro, han sido vivenciadas y constatadas por la transcriptora de estas páginas.

La mayoría de ellas, han sido referenciadas, descritas y guiadas por los Maestros y Guías que han hecho posible la realización de este Libro.

PRÓLOGO

Cuando conocí a Helena, me sorprendió su pureza, su forma de hablar franca, su mirada limpia. Supe que ella era un canal de Guías y Maestros y le pregunté, «es muy sencillo», me dijo, «tienes que creer y fluir, y entonces, verás como todo se confirma».

Le pregunté por mi Alma y su respuesta fue una radiografía tan completa y veraz de mi mundo interior, que me dejó sin palabras.

Helena tiene el don de la humildad, y por ello, conecta con la verdad, porque la verdad es humilde, sin enredos, ni abstracciones. El mundo sutil está mucho más cerca de lo que suponemos, es más accesible de lo que nos han hecho creer.

El mundo del otro lado está en éste y no necesitamos otra cosa que la humildad para poder acceder a él. Justamente esa sencillez es la que no prolifera entre el mundo espiritual poblado de gurús, falsos visionarios empeñados en vendernos lo sutil como algo inaccesible para el que necesitamos intermediarios. Tal vez por eso, los Guías y Maestros han elegido a Helena y responden a sus preguntas con explicaciones entendibles y consejos aplicables a todas las situaciones.

Me pasó su manuscrito y leí la magia de los seres que se han ido y que tienen algo que decir, el consuelo de saber que no se alejan hasta que no resuelven aquello que quedó inconcluso, esas palabras trascendentes, esos consejos tan útiles.

Los seres de los que nos habla Helena, son humanos y no humanos, porque las mascotas también cumplen su función en nuestras vidas y también tienen mensajes que debemos descifrar.

Una madre que partió enfadada por lo que ella creía era una falta de reconocimiento, y que quedó liberada de ese peso cuando fue corregida por su Guía, la soledad, y el desamparo de un padre al dejar su familia, el mensaje de un hijo a su madre para disolver el dolor, son algunos de los ejemplos que nos narra Helena.

También nos cuenta cómo realizan el traspaso las personas aquejadas de Alzheimer, y cuya mente se encuentra confusa en esa transición.

Incluye ejemplos de mascotas que nos comunican con signos, miradas y actitudes su amor y agradecimiento, un mensaje sensible, cuál es el momento de partir y sus grandes enseñanzas.

La autora, ha escrito este libro inspirada por sus Maestros con el objetivo de que nos preparemos para nuestra partida y la de nuestros seres queridos, porque la muerte no existe en realidad, pero es necesario liberarnos de los apegos, las culpabilidades, los rencores y todas las emociones densas que nos anclan a nosotros y a nuestros seres queridos, impidiendo un traspaso fluido y próspero hacia otras realidades donde nuestra Alma continúa su proceso, incluso cuando ya han partido, hay posibilidades de comunicación y solución a todos los nudos emocionales que hay que resolver.

El libro de Helena es bello, con bellos ejemplos y bellas esperanzas.

Muy recomendable su lectura para mirar al horizonte de nuestras vidas con un prisma distinto, sabiendo que nada termina, sino que, la muerte, es sólo la continuidad del camino de nuestra Alma.

MARGARITA ESPUÑA
Escritora y periodista

INTRODUCCIÓN

ESTA ES UNA obra escrita desde el corazón, y la guía de mis Maestros, para ofrecer al lector, a través de experiencias reales vividas, la posibilidad de acceder a la conexión que aún existe entre nosotros (los que quedamos) y los que se han marchado, tanto personas, como animales, siendo estas conexiones muy satisfactorias y conmovedoras, llenas de amor, entendimiento e incluso complicidad.

Hace años que ejerzo de abogada, aunque ahora estoy más dedicada a explorar y disfrutar de este mundo real, lleno de sorpresas, que me abre a un universo por explorar, donde los resultados no se dejan esperar.

En esta Realidad no has de ver para creer, has de creer para ver, y os puedo garantizar que así es.

Este mundo, en el que estoy imbuida desde hace tanto tiempo, me llena de Luz, Verdad y mucho Amor, y todo esto lo quiero compartir con todos vosotros, ya que no es algo que me pertenezca, sino que el Mundo del Espíritu, es cosa de todos.

La razón por la que mis maestros me recomendaron que escribiera este libro, bajo su dirección, fue la muerte de Jana, una perrita coker ruana, cuya partida se trató desde el amor, la aceptación y el reconocimiento a su papel en la vida de mi familia, y por supuesto la mía, ya que, como veréis a lo largo de los capítulos que aquí se presentan, todos venimos con un propósito de vida, tanto las personas, como nuestros queridos amiguitos, que vienen no sólo hacernos compañía, sino que con el firme propósito de ayudarnos en nuestra evolución, comunicando desde la enfermedad u otras vías, el camino correcto que debemos seguir, según se trate.

Al morir Jana, se le hizo un trabajo energético y se le limpió el aura, esta es la razón, en verdad, del nacimiento de este libro: para que fuéramos conscientes de que los animales, no sólo tienen alma, sino que son nuestros compañeros de evolución, y al igual que nosotros tienen aura, como puede verse en la fotografía que se acompaña en su capítulo.

Igual de motivadora es la primera parte de esta obra, que trata de personas fallecidas, cuya conexión queda abierta, si somos lo suficientemente conscientes para darnos cuenta, aquí se dan esas pautas, esas pistas para que todos podamos seguir en contacto, a pesar de la distancia, y las frecuencias que nos «separan» de ellos.

Todo ello a través de experiencias reales vividas que se van desarrollando a lo largo de los diferentes capítulos de esta obra.

Este libro te enseña cómo ampliar tus posibilidades, a través de esa interconexión que tienen todas las almas, ya sea en el plano físico, mental, emocional o espiritual, que no importa mucho si tu estado de frecuencia lo percibe desde el cuerpo físico o fuera de él. (*lo que menos importa, o mejor, lo que no impide esa interconexión es ese paso de frecuencia, de estado, de estar consciente con cuerpo físico, o ser consciente aún habiendo abandonado ese cuerpo físico).*

La constatación de las experiencias de este libro, os invita a prepararos para soltar el ancla de los apegos, las penas, las culpas, remordimientos, rencores, la preocupación por los que quedan cuando os marchéis, pero también, mientras permanezcáis en la tierra, con cuerpo físico. La relación con el que se va sigue existiendo, pero no ha de ser impregnada de tristeza o desespero por la pérdida física de ese ser querido. Es necesario levar anclas, pasado el duelo, porque percibiréis que, si quedó algo pendiente, o por decir, estáis a tiempo para sanarlo, tanto vosotros, como los que partieron, porque esa interconexión no se pierde. Sabed que, desde aquí, podéis seguir ayudando a vuestros seres queridos a que caminen derechos al lugar dónde han sido llamados, permitiéndoles con vuestro amor, no mirar atrás, cuando todo está ya en su lugar. Por eso es muy importante que no os ancléis en ese desespero por su partida, porque aún podéis hacer mucho por ellos, por ejemplo, arreglar desaguisados y atender a su comunicación, y a sus mensajes. Si es así, ellos sanarán vuestras preocupaciones y os comunicarán que se marchan libres y se llevan vuestro amor.

En esta obra se pone de manifiesto, que nos queda tiempo, para arreglar las cosas, y para decir aquello que, en su momento no se dijo, pues aún, estando en diferente frecuencia, podemos comunicarnos el amor que mutuamente nos seguimos profesando. Así levaremos anclas y permitiremos que su barca se deslice por esas frecuencias de Luz y Amor, pudiendo atender sus necesidades de comunicación con nosotros, para tranquilidad de todos.

Para ello es necesario abrir nuestras mentes y corazones, para en lugar de llorar su partida, poder acompañarlos con nuestro amor y bendición allá donde esté pactado llegar, en ese viaje al que todos somos llamados.

Cita del Arcángel Azrael, que cuida del tránsito de las personas y animales que desencarnan.

La canalizadora

PARTE I

CAPÍTULO I

¿A qué venimos?

Venimos a inspirarnos de nuestra propia Naturaleza, en cómo servir y manejar desde nuestras experiencias al bien común y a nuestro reencuentro con esa parte olvidada, o cuando menos relegada en nuestro día a día.

Todos venimos con un propósito muy marcado, por un lado (Propósito de Vida), venimos a servir, y a ser conscientes de nuestra Naturaleza Divina, en cómo rescatarla de tanto engaño perpetrado durante siglos, milenios.

Y por otro lado, venimos a reparar, liberar todas aquellas conductas fuera del respeto, amor y libertad, no sólo respecto de los demás, sino también respecto de nosotros mismos (Propósito de Alma).

Venimos acompañados por Seres de Luz que les han encomendado nuestra protección y guía, nos aman, pero a la vez, respetan ese libre albedrío, ese elegir por nuestra cuenta y riesgo determinadas decisiones, conductas a las que damos nuestra total aprobación, sean o no consecuencia de un actuar desde el Amor, perdón, compasión, entendimiento. Pero Ellos están a nuestro lado tratando de ser escuchados con un amor y paciencia indescriptibles.

Así también, venimos acompañados de nuestra Alma, esa fiel compañera, prima hermana de nuestro corazón.

Con Ella trazamos un Plan para a pesar de las experiencias a las que nos enfrentamos encarnación tras encarnación, llegar a reencontrarnos desde el Amor a nosotros mismos y por ende, a nuestros semejantes, así como a todas las especies que comparten con nosotros este Planeta.

En un momento determinado de la Creación, se decidió cómo y de qué manera, partiendo de nuestra Naturaleza: el Amor, cómo nos manejaríamos en los diferentes mundos, a partir de ese irse de nosotros mismos, para volvernos a reencontrar, qué caminos recorreríamos y cuánto «tiempo» necesitaríamos hasta llegar a esa meta de la que partimos: a nosotros.

El Alma es la intermediaria entre el Espíritu y nosotros, es esa consejera-compañera que ha venido junto a nosotros para que nos sea más fácil esa vuelta a casa, a nosotros, a través de la senda del Amor. Somos Amor, pero por determinadas vicisitudes nos olvidamos, nos alejamos del Amor, para luego, y por último, en una de las etapas finales del viaje, volver a nosotros.

Ese es el recorrido en redondo que venimos a hacer, en ese devenir de encarnaciones y encarnaciones.

Parece fácil, ah! vale, voy, camino más o menos y luego, vuelvo!, pues tampoco es tan complicado!, pero a la hora de la verdad, hay tantas cosas que se ponen por delante, tantos intentos fallidos , tantas traiciones, tanta incongruencia, que poco a poco y sin darnos cuenta nos vamos alejando de nosotros y empezamos a mirar hacia fuera, no en relación a nuestro Plan, sino en cómo subsistir, en cómo remontar situaciones que se nos plantean en relación a otras personas, empezamos a declinar ese

Plan a favor de otros planes, que nada tienen que ver con nosotros, empezamos a mirar a otras personas, no ya como Almas, como nosotros, con un Plan Común: llegar a nosotros por el camino más corto, el reconocimiento de nuestra Naturaleza Divina, sino como gentes ajenas a nosotros, como depredadores, como gentes que nos doblegan por la fuerza, y nos sentimos víctimas de esos atropellos y esas conductas autoritarias y crueles, y eso emponzoña nuestra Alma, porque al no reconocernos como seres capaces de enfrentar esos desatinos, nos arrinconamos y cedemos por miedo al dolor, a más sufrimiento nuestro poder, nuestro Yo más profundo, y nos vamos enmarañando en actitudes toscas de miedo y desesperación y perdemos en esa reencarnación la oportunidad de reconocernos, de amarnos, de liberarnos de ese engaño fatal y desencarnamos con el Alma hecha añicos, con un peso que no teníamos al empezar este enigmático viaje.

También como todo se ha de experimentar, en otras, os sentís amos y señores de personas y propiedades y sometéis por la fuerza y por el miedo a vuestros semejantes, haciéndoles sufrir, lo que vosotros sufristeis en existencias anteriores, pero que no recordáis.

Y en todo este baile de reencarnación y reencarnación, vais teniendo experiencias que no comprendéis, no entendéis porqué aquel vecino es tan malo, o porqué vuestras relaciones familiares son tan caóticas, o porqué sentís tanta angustia, cuando no hay razón aparente para ello, y así, vais ciegos, sordos, inválidos por el camino del Espíritu, sin comprender que todo es una cadena de acontecimientos, que, si os dejáis, os llevará a esa parrilla de salida hacia vosotros mismos.

Todo lo que os acontece que no es satisfactorio, es el resultado de pensamientos, sentimientos y acciones fuera del Amor, que habéis manejado desde casi el principio de los tiempos, porque olvidasteis que no sois esos monigotes, esos muñecos baladís, sois Seres emparentados a esa Alma que os reclama para que recordéis quién Sois y a qué habéis venido.

Hubo épocas tan oscuras que vuestros Servidores de la Luz no podían acercarse a vosotros, ya que la densidad que envolvía el lugar dónde reencarnabais era tal, que a Ellos les era totalmente imposible poder acceder a vosotros de la forma que fuera, fueron tiempos muy oscuros y cruentos.

Todos los ciclos, como sabéis, van de más a menos y de menos a más, todo es cíclico, pero, ¿cómo salir de ese más a menos, y menos a más?, ¿cómo llegar a esa meta solapada por ese ciclo que parece no acabar nunca?.

Pues, recabando en la Consciencia.

¿Qué es la Consciencia? Un estado elevado de Conciencia.

¿Qué es la Conciencia? Lo que nos invita a manejar las cosas de la materia desde el Espíritu.

Pues, ¿y la Consciencia? La Consciencia, abarca no sólo tu estado, sino que, con tu actitud, abres camino a otras Almas en proceso de Recuerdo.

Por ejemplo: Un semáforo en rojo, tu Conciencia, te dice que sería peligroso cruzar, porque te puede atropellar un coche, y no pasas.

Tu Consciencia, te avisa igualmente del peligro que supone cruzar en rojo, por lo mismo, sólo que aquí, esa actitud correcta, no sólo te afecta a ti, sino a todos los transeúntes que, a partir de esa decisión que te afecta, también les hace reflexionar sobre las consecuencias de cruzar ese semáforo en rojo.

Pero para llegar a estos estadios de Consciencia, has tenido que recorrer muchos caminos en muchas, muchas y muchas vidas.

Pues, ¿qué tienes que recordar?, que no estás aquí por casualidad, ni aleatoriamente, que tu existencia aquí y ahora está ligada a muchas experiencias, cuyos resultados estaban condicionados a tu actitud frente a ellas, y que a todas esas actitudes fuera de ese Amor, Servicio, Respeto y Libertad, hay que liberarlas y rescatarlas de ese olvido que te invitó a manejar esa experiencia desde la ignorancia, el miedo, en definitiva, del desamor.

CAPÍTULO II

¿Qué traemos al nacer?

AL NACER TRAEMOS bajo el brazo, junto a nuestra Alma, un montón de propósitos: uno algunos; unos pocos, otros; según el Plan a realizar que cada Alma haya traído.

Muchas veces, ese renombrado olvido, nos hace creer, que sólo venimos a estudiar, a trabajar, a formar una familia, a ser viajeros, altruistas, mendigos, profesionales, etc. y que todo queda ahí… madres, padres, hijos, y así suma y sigue, y nuestras vidas quedan atrincheradas, muchas veces, en la inercia, en el sin sentido. Pero dentro de nosotros, hay un «no sé qué», que cuando te haces un poco mayor y has conseguido lo propuesto físicamente hablando, notas que te falta algo: hay un vacío que no lo llena esa vida que te has proporcionado, con esfuerzo, trabajo e ilusión, bien, ya lo tienes… ¡perfecto!, ¿y ahora qué?

Aquí nos referimos a personas que no se conforman con el éxito material.

Tampoco se refiere este texto a personas que sólo se proyectan en conseguir eso que anhelan, o envidian al que lo ha conseguido, y toda su existencia la basan en ese esfuerzo infructuoso y esa envidia que les lleva a la más absoluta frustración y desgana. ¡No!, aquí nos referimos, a esas personas que empiezan a preguntarse ¿qué hago yo aquí?, ¿por qué estoy aquí?, ¿qué razón más allá de mi comprensión hace que esté en este tiempo y este lugar?

Estas personas empiezan a «recordar» que hay algo más que esta mera, simple y a veces, vertiginosa vida, que lo que acontece puede deberse a algo que aún no comprende, pero que ya no le cabe pensar que todo es tan simple, tan sin pies, ni cabeza, que hay algo más y le entra ese «gusanillo» de saber qué hay detrás de esa puerta que ya cree vislumbrar, y empieza a fijarse en informaciones, empieza a buscar, a indagar y es cuando de monigote de un sistema caduco e incongruente, y muchas veces, injusto, se convierte en un buscador, un buscador de la Verdad, para llegar a su Verdad.

Empieza a comprender, que al nacer trajo consigo un Propósito, pero, ¿cuál?, ¿dónde buscar?, ¿quién le puede informar?, y va de acá, para allá, buscando, indagando, y cada vez se va dando cuenta de que esa Verdad no tiene fin, que le llena, le satisface, ha encontrado cómo llenar ese vacío, que las cosas materiales, aunque satisfactorias, no acaban de llenarlo.

Y sigue con esa búsqueda insaciable, que le lleva por caminos llenos de satisfacción y complitud.

Ese buscador completa poco a poco, esa fase de encontrar información, respuestas, pero, ¿ahora qué?, cómo integrar esas informaciones, esas recomendaciones, cómo manejar desde esa Sabiduría reencontrada, redescubierta, las experiencias que le sorprenden en su día a día.

Y aquí, entra en esa fase de acción, de reencuentro desde la acción.

Esta fase, es más complicada, porque una cosa es informarte y ya saber lo que hay que hacer, y otra, ponerlo en marcha. Una cosa es, he de ir al gimnasio y otra es, ya levanto pesas. Aquí en esta fase del manejo de lo aprendido, recordado, es muy creativa, puedes entrar es esa fase, desde la frustración de que no acabas de conseguir, tratar lo que te acontece y a las personas que tienes a tu alrededor desde ese ánimo benefactor, comprensivo, conciliador, de perdón , aquí, te das cuenta, que tienes mucho que liberar, que no eras consciente, porque cuando realizabas un acto de venganza, esto venía de una emoción de rabia o rencor, o sea, en este caso, ya empiezas a ser consciente de que hay dos, tres o cuatro cosas que liberar, sólo ya en esta acción-reacción: venganza, rabia y rencor, y aquí, es cuando empiezas a comprender que tienes que arremangarte y poner toda la carne en el asador, porque si quieres seguir este camino ya empezado, debes ahora poner en práctica todo los aprendido, lo recordado.

¿Por qué decimos recordado? Porque el Recuerdo de Quién Eres: Amor en estado puro, nunca dejó de existir en ti, simplemente, lo olvidaste, y ahora, lo que crees que es nuevo para ti, no es nuevo, lo que ocurre, es que florece en ti ese Recuerdo, que poco a poco va cogiendo lugar en tu existir.

Esta «Etapa del Despertar», es una etapa, a veces, un poco complicada, porque os cuesta mucho dejar viejos y encarcarados patrones, tenéis muy integrada la rabia, el miedo, la ira, la envidia, la desazón, la angustia, es decir, no sólo actitudes que os provocan los demás y a la postre arremetéis contra ellos, sino también, actitudes contra vosotros mismos, estamos refiriéndonos a la angustia, el miedo, el desespero, la culpa, la desazón, son emociones que os perjudican y limitan más de lo que os podáis imaginar, porque tanto estas actitudes contra vosotros, como las que podáis emplear contra los demás, os separan cada vez más de vuestra Alma, y por tanto, de esos propósitos a los que habéis venido a completar para poder cerrar esta rueda de reencarnaciones tan larga y costosa, en la mayoría de los casos.

¿Por qué se os invita a ese Recuerdo, a esa liberación de toxinas? (pensamientos tóxicos, contrarios al amor, tanto a vosotros, como a los demás): para que, por fin, podáis acceder a ese lugar que os corresponde y que un día abandonasteis a la aventura.

Aventura, que no es lo que creíais, os pensasteis que era «pan comido», pero no contabais con ese olvido, que poco a poco, os hizo abandonar vuestro Propósito, vuestra Naturaleza.

Aquí, traéis un libro de instrucciones incorporado en vuestro interior, pero que declináis a favor de la materia, ese contrapunto, muchas veces a vuestro Propósito, según la empleéis, o para disfrutar de ella, sin más, o apegaros a ella, como paparras con temor a desprenderos, porque es vuestro asidero, vuestra salvación, vuestro seguro... ¡error!

Este libro de instrucciones, lo lee en voz alta constantemente vuestra Alma, solo que vosotros no la oís. Os dedicáis, eso sí, a escuchar lo que es correcto, o no hacer, decir o sentir, pero eso de ponerlo en práctica, es más complicado de los que creíais.

Aún está ese: ¡es su culpa!... yo estaba tranquilo..., es que le odio, le detesto, porque me ha traicionado... ¿cómo amarlo?... me resulta imposible... no, a eso ves, no he llegado... ah!, pero eso otro, no lo perdono... o, aquello tan común, tan aseverativo, grotesco y autoritario: ¡perdono, pero no olvido!

Es decir, es bastante complicado salir de este galimatías de emociones que durante tanto tiempo han sido vuestro apoyo, vuestro bastión, vuestra mal entendida autoestima.

Ahora de repente, ese castillo de naipes tan baladí, cae por su propio peso, ya no os sirve, pero, cómo montar otro castillo desde tanta fragilidad que sentís en relación a esa acción-reacción, y surgen las preguntas… sí, pero si le perdono… va a pensar que soy débil… sí, pero, si no le contesto… va a creer que le doy la razón… etc.

O sea, que asentís, comprendéis que sí, debéis cambiar de conducta, debéis hacer ese esfuerzo de girar ¿360º? sobre vosotros mismos, pero en la mayoría de los casos, no os veis capaces de llegar a ese grado de comprensión última, de entender que en vosotros está la respuesta a vuestro Espíritu, no la réplica a los actos realizados por gentes que aún no saben, porque no recuerdan quién son, y quién sois vosotros.

Por eso es tan importante, que empecéis hacer el esfuerzo mental y emocional, de colocaros en el eje del dial, y que mantengáis la balanza en línea horizontal y saber así calibrar las respuestas que debéis dar en relación a actitudes ajenas, incluso vuestras, si hay un mal pensamiento contra alguien, y eso pesa en uno de los platillos, hacer que ese platillo vuelva a su lugar, llenando vosotros ese otro platillo de comprensión, conciliación y perdón, entendiendo que esa persona o situación, no sólo no se reconoce, sino que tú puedes aprovechar esa circunstancia para «apuntarte un tanto», desde esa actitud consciente de no tener en cuenta ese hecho, ni entrar por tanto, en rabia, rencor, venganza, odio, etc.

Y lo mismo, en relación a ti, si algún pensamiento te hace sentir mal, triste, o te sobresalta esa angustia, lo mismo, equilibra esa balanza, entendiendo, que nada que aún no haya pasado, tiene porque quitarte el sueño, y te dices para tus adentros, que, si llegara a pasar, ya lo atajarás de la mejor manera, sabiendo que la acción que emprendas, te llevará a la solución deseada, o la mejor para ese momento.

Venís con ese Plan de manejar vuestra vida con la Sabiduría

del Reconocimiento del poder que yace en vosotros, respaldado desde el Amor a vosotros, y a lo que se os presente.

Venís cargados de Amor, para liberar todo el pasado, aligerar el presente, e iniciaros para un futuro prometedor, que está ya en este presente, si así lo decidís, desde ese Recuerdo que ya en esta fase ha aflorado en vosotros.

CAPÍTULO III

¿Qué nos llevamos al morir?

AL MORIR, DESENCARNAR, viajar, irse, nos llevamos toda la carga mental y emocional que nos ha pesado durante la travesía de esa encarnación que abandonamos.

Todas aquellas cuitas, peleas, deseos, frustraciones, miedos, promesas sin cumplir, arrepentimientos, culpas, es decir, todas aquellas conductas fuera de la estabilidad y equilibrio que no hayamos sabido liberar.

Por eso, es muy importante, prepararse desde aquí y ya en este próximo viaje al que todos, más pronto o más tarde, estamos llamados a realizar.

Se dice, vienes con una mochila, que si tienes la bendición y la osadía de reconocerla, puedes planear vaciarla y liberarte de esas cargas que te han pesado en esos pasados, llamados vidas, encarnaciones, vivencias, experiencias.

Pero al igual, que traes una mochila más o menos cargada, así también te vas con otra mochila, que si no eres consciente, además de lo que en este trayecto te toca experimentar e ir poniendo en esa mochila, no sólo lo que no has sabido liberar, sino otras vivencias que se te han colado, y aún esa mochila pesa más que la que traías, porque además de lo viejo, se te añade lo «nuevo», no sólo lo que no has sido capaz de sacar de tu sentir, sino todo lo que a consecuencia de esa inercia «acumulas» sufrimiento, dolor, miedos.

Te llevas todo el peso que no has sabido sacar de esa maleta, y si esa inconsciencia o ignorancia la arrastras mucho tiempo, ese peso llega a ser insoportable, y vas arrastrando todo ese equipaje, que de ser consciente, habrías podido dejar atrás, y emprender este nuevo viaje desde la comodidad y libertad de no llevar peso.

Cuando una persona desencarna, su cuerpo físico desaparece, o por cremación, o por descomposición, es ese traje al que ya no se le va a dar más uso.

Los cuerpos mental, emocional, espiritual, siguen vivos, siguen sintiendo, experimentando, pero ahora, no desde ese cuerpo físico sostén de esas pasadas experiencias, sino desde estos cuerpos sutiles.

Pero siguen igualmente contaminados según el uso que de ellos se ha hecho en vida, ya que al no liberar ciertas actitudes, pensamientos, sentimientos, estos cuerpos sutiles quedan «amarrados» a esa pena, frustración, rabia, enojo, o sufren por esas personas a las que su muerte ha dejado solas o desamparadas.

Es muy importante, en vida, prepararse para este tránsito tan emocionante, como cuando naces.

Es el mismo proceso: cuando naces, hay un Plan para ti, cuya realización, si eres consciente o no, repercute totalmente en ese otro viaje cuando marchas.

Según vives, así transitarás por otras latitudes o frecuencias que se abren ante ti, desde esos otros cuerpos sutiles tan tangibles en esas frecuencias, como el físico en esta frecuencia terrenal.

Si no estamos preparados a nivel conciencia, es decir, reconocer cuál es nuestro Propósito aquí al venir, para liberar aquello que no queremos arrastrar existencia, tras existencia, al igual que en «vida» física sufrimos, nos alteramos, nos desestabilizamos, así ocurre en estas frecuencias que después de desencarnar, nos toca transitar.

Al igual que aquí, nos place una existencia exitosa, beneficiosa, equilibrada, feliz, lo mismo ocurre allí, también ansiamos ese equilibrio y felicidad, y si os fijáis, tanto aquí con cuerpo físico, como allí con estos cuerpos sutiles, estamos «usando» el cuerpo emocional, mental, espiritual, que no cambian, son esos cuerpos que nos llevamos, y a los que cargamos con nuestras actitudes fuera del control, de luz, de paz, de amor.

Cuanto menos amor hayamos transmitido, cuanto menos nos hayamos amado y reconocido como Seres de Luz en experimentación consciente, más pesará esa mochila, porque el Amor es esa medicina al alcance de todos que no necesita receta. Sólo rescatarla de nosotros mismos y ponerla en acción.

¿Cómo?

Abandonando, vaciando esa maleta que cargamos en vida y luego en esas otras frecuencias, nuestros cuerpos mental y emocional, que a ese nivel repercuten en el físico, a través de enfermedades.

Las enfermedades no son más que indicadores del grado de olvido del amor hacia nosotros y a los demás, estos cuerpos mental y emocional se perjudican, se pierden en esa frecuencia, al igual que han perdido «un tiempo precioso», al llegar a esa liberación a través del Amor, así también en estas frecuencias más sutiles siguen apegotados a esos sufrimientos y emociones engendradas desde ese nefasto y descorazonador olvido de quiénes somos y de que hemos venido a reconocernos como hijos del Amor y la Luz, a pesar de los avatares y experiencias que cada encarnación nos haya traído.

Te llevas lo sembrado, si siembras paz desde ese recuerdo de quién eres, te llevarás paz, y ese viaje «allí» será glorioso y espontáneo, te encontrarás de bruces con la Luz, que te saldrá a recibir con los brazos abiertos, porque Ella también te reconoce, como en estos momentos haces tú.

Sin embargo, si te llevas pesar, angustia, rencores, pensamientos o deseos tóxicos, apegos, etc. al transitar por esas frecuencias, es muy posible y fácil, que te pierdas buscando esa salida al bienestar, que ya no has encontrado es esa pasada vida física.

Cuando uno desencarna, pueden pasar varias cosas, o que igualmente siga sin recordar que tenía un Propósito que cumplir para liberarse, y queda apegado mental y emocionalmente a este mundo de materia, ya no factible para él, aunque no lo «sepa» y sigue sufriendo, sí, sufriendo desde ese mental y emocional todas sus frustraciones o apegos, ya sea a vicios, personas o cosas.

O, se va pensando que él todo lo ha hecho bien, que ha sido una buena persona, pero no ha recibido el cariño o la compensación deseada, y se va con ese rencor, aunque él no lo perciba así, con ese descontento y enfado de no haberse sentido reconocido.

O, no sabe dónde está, no comprende lo que ha pasado, él sólo siente que no quiere estar en este lugar oscuro y se acurruca en un rincón, sintiendo lo desgraciado que es, porque esa enfermedad o accidente ha traicionado su voluntad de seguir viviendo allí abajo con su familia, amigos, etc.

También, los hay que en caso de Alzheimer u otra enfermedad de colapso mental, se encuentran atrapados en el olvido total, aquellos que en ese momento del tránsito, no recuerdan absolutamente nada, y estos son llevados a una especie de tubo-pecera para facilitar ese proceso de recuerdo y a partir de ahí, poder acceder a ese recuerdo de cómo ha utilizado esa encarnación, si ha liberado algo, si no lo ha hecho, de cómo ha manejado allí abajo su estancia desde ese medidor que es el Amor.

Otros, sin embargo, llevan ya mucho trabajo hecho, mucha liberación y van ligeros, son aquellos que, tomando Consciencia de la Razón, del porqué de su existencia y del porqué de su estancia en aquel momento próximo pasado en la Tierra, han tomado las riendas de sus vidas y han hecho un cambio revolucionario en su actitud, han «combatido» el odio, rencor, injusticias, ataques, críticas, juicios, con la toma de Conciencia que da el Reconocimiento del porqué de su existencia: para liberar todo eso, desde una actitud de perdón, compasión, comprensión, de respeto a ese proceso evolutivo que cada uno tiene, aceptándolo, no desde el sometimiento, sino desde la toma de Conciencia de que él es mucho más que todo lo que le acontezca, venga de quien venga y de dónde venga.

Una persona equilibrada, honesta, coherente, sin darse cuenta ya de, por sí, va vaciando esa mochila cargada de aparejos viejos, obsoletos e inservibles y cuando se va de este mundo, se va con las manos en el corazón, porque ya no las lleva ocupadas cargando esa maleta.

Por eso os decimos: procurad aprovechar esta existencia y aplicaros en vaciar de esa mochila, ya cargada, todas esas actitudes y pensamientos fuera del Amor, de buscar ese equilibrio que os llevará a ese viaje con todas las garantías de éxito, felicidad, de satisfacción personal de haber logrado hacer un buen trabajo.

Liberaos ya desde ahora, no esperéis hacerlo luego, a veces, ese luego es tarde para recuperar esa libertad que queda anclada en el olvido de vuestro desdén e ignorancia, causando un desaliento y tristeza innecesarios, que se puede evitar, convirtiéndose ese luego, ese dejar para más tarde el cumplimiento de ese Propósito, en esa toma de Conciencia, que te liberará de todo ese sufrimiento que causa la ignorancia y la falta de reconocimiento de vuestra Naturaleza Divina.

Marchad ligeros de equipaje y vuestro viaje os llevará más allá de lo que creéis entender.

CAPÍTULO IV

El adiós de una madre

CUANDO MI MADRE partió, se llevó la pena y el enfado de no haber sido comprendida y amada como ella merecía.

Era una persona bondadosa, generosa y muy luchadora.

Era una mujer independiente, libre en un matrimonio lleno de respeto, complicidad y amor.

Su vida transcurrió como otras muchas, entre sus hijas, marido, hermanos, trabajos y poco más, fue una persona adelantada a su tiempo, en cuanto a esa libertad de la que se ha constatado más arriba. Pero, no se sintió reconocida como ella hubiera querido y nuestra relación era entre cómplice y un poco beligerante; a veces, nos movíamos en aguas templadas y calmadas y otras, nuestra relación se bañaba entre tempestades, siempre, he de decir, por cosas de lo más tontas e insustanciales, pero que en aquellos momentos su actitud, me sacaba de mis casillas y ella no se apeaba del burro.

Y así, nuestra relación deambulaba entre complicidad y a veces, poco entendimiento, era una relación sana, honesta, pero también a veces, reinaba entre nosotras ese caos que trae el alejamiento de posturas.

Llegó ese día, que tarde o temprano llega, y se marchó, marchó en compañía de mi hermana, tranquila, en sólo dos días perdió la noción del tiempo, no sabía si era de noche o de día, esa evolución la hizo en esos dos días, en que se la ingresó porque le fallaba la respiración, su partida fue rápida, casi fulminante, de estar bien un lunes, a partir el miércoles.

Era una mujer de carácter, aunque su postura y actitud ante la vida era de cordialidad.

Pero, en su interior, en esa mochila se llevó ese dolor de no haberse visto reconocida y amada al cien por cien, ella lo había dado todo, y no sintió que recibiera lo que esperaba. Eso es en síntesis la forma de su marcha.

Yo viví junto a ella, yo desde aquí y ella desde allí su proceso evolutivo, en cuanto a soltar y comprender allí, lo que no quiso, o no pudo soltar aquí.

Tuve una visión muy clara a los dos días de su partida, vi como hablaba, se entrevistaba con su Guía o Ángel, y como le presentaba sus quejas, su enfado, su falta de reconocimiento. Pude observar cómo su Guía la «corregía» en su error, diciéndole que no estaba siendo justa con la situación acaecida, y que juzgaba erróneamente las actitudes de sus hijas, por una serie de razones, que ahora no vienen al caso.

Es ahí, cuando tuve en persona, la primera información fiable, constatable de lo que en algunos casos se «cuece» ahí «arriba».

A pesar de esa emoción que mi madre cargó en ese viaje, he de decir, que sentía en casa su presencia, como cuando, al tener ese sueño-vela sentí como me acurrucaba en sus brazos, como la vi en una ocasión, entrar en la sala y observar que estaba haciendo yo.

Durante un tiempo sentía cómo nos observaba desde ese amor de madre, que nada, ni nadie puede sabotear.

Pasaron los meses y nosotras, mi hermana y yo, hicimos muchos trabajos de perdón, de conciliación, de comprensión, de entendimiento, en relación a nuestro comportamiento con ella. Todo este trabajo siempre sobre la base del amor profundo, que, en verdad, muchas veces no supimos manifestar hacia nuestra madre. Aquí ya no entraba, eso de... ¡ah! ¡es que tú!... y ¿por qué yo y no tú?... pues me voy...!, etc. Aquí cuando se hizo el trabajo a favor de esa reconexión álmica con nuestra madre era de corazón.

Antes de hacer todo esto, no sabíamos si habíamos perdido la oportunidad de arreglar ese «desaguisado», y con gran sorpresa recibimos la información de que lo que no se ha podido arreglar en vida, se puede transmutar conscientemente después de la muerte de cualquiera de los afectados, y por eso nos pusimos manos a la obra con gran dedicación, y, dicho sea de paso, con mucho amor.

A partir de esos trabajos, puede constatar, no sólo nuestra satisfacción al ser conscientes de que ese mensaje de Amor que le enviábamos, era totalmente recogido y asumido por ella.

La constatación de esa liberación que hizo mi madre, fue un día que fuimos a un pueblo a unos 80 kilómetros de nuestra ciudad, mi hermana el día anterior tuvo un sentimiento de Amor verdadero hacia ella, y eso provocó literalmente, que cuando llegamos a ese pueblo, era un día lluvioso y triste, al bajar del autocar, de una forma espectacular, se abrió ante nosotras por unos minutos una luz que no era de este mundo, se iluminó el pueblo totalmente, y la información que recibí, fue la ascensión de mi madre al bañarse en ese amor que creía no tuvo la oportunidad en vida de disfrutarlo.

Ahí fue una verdadera revelación, duró unos cinco minutos, pero fue reveladora esa escena, por fin mi madre comprendió que nuestra actitud, no era porque no la amaramos, sino que, en algunos aspectos de la convivencia, no coincidíamos.

Este revelador suceso, me hizo tomar conciencia de la interconexión de energía, de Alma, de esa correlación de vivencias, que aún se pueden mantener con personas que han cruzado el umbral, que han cambiado de estado frecuencial, pero que en los primeros tiempos, aún pueden contactar contigo y comunicarnos esporádicamente y arreglar cosas, aún pendientes, esto no sólo liberó gran parte de la energía de mi madre, atrapada en las redes del desamor, sino que nos dio la oportunidad a nosotras, de sacarla de ese sentimiento de rencor y enfado que la había atrapado, y que se llevó en esa maleta del olvido.

CAPÍTULO V

Adiós, padre

En este caso se trató de la muerte del padre de una amiga. Esta chica tenía una relación muy comunicativa, muy amorosa con su padre, y después de una corta enfermedad, este señor marchó.

No hace falta decir, la pena de sus familiares y amigos, así como ese desespero, esa desazón profunda que se ancló en el Alma de mi amiga.

Cuando fui al velatorio, pude comprobar la tristeza profunda y pena que embargaba en particular a esta chica. No podía evitar a cada abrazo y muestra de condolencia romper a llorar de una forma desconsoladora.

Yo me acerqué al féretro dónde se exponía a su padre, y enseguida noté soledad, sentí esa sensación de desamparo y tristeza que me transmitió ese cuerpo sin vida física.

Sus hijas, mujer, parientes seguían en esa sala llorando y dejándose consolar por todas las personas que estábamos allí, acompañándolos en ese duelo.

En un momento dado, me acerqué a mi amiga que seguía llorando y lamentándose desconsoladamente. Me senté a su lado y le indiqué que ese comportamiento que estaba teniendo, a pesar de esa irremediable pena por la pérdida, no era justo para su padre, ya que él se sentía solo, él hacía ese viaje solo, pero que ella tenía a su hermana, a su madre, a sus hijas, que ella estaba rodeada de familia, ella lloraba, pero no estaba sola, en cambio, él sí, él sí estaba solo, nadie le podía acompañar en este trance, le indiqué que lo más misericordioso y amoroso hacia él, no era llorar su pérdida desconsoladamente porque os había «dejado», sino, decirle literalmente, que no se preocupara por ti, ni por tu familia, que vosotros estáis bien, que se vaya tranquilo con sus Guías y Seres Angélicos que ya estaban a su lado, que tuviera una partida tranquila y que sobre todo, no se preocupara por su familia, ni por ella, porque estaban bien, que lo amaba hasta más no poder, pero sobre todo que no se angustiara por vosotras.

Tal cual le dirigí estas palabras, de repente mi amiga dejó de llorar, su cara se iluminó con una gratitud y felicidad, que no recuerdo haberlo visto en ninguna otra ocasión. Me dio las gracias y se fue a la sala donde se encontraba su padre, yo la observé cómo se colocaba a la altura de su cabeza y cómo empezaba a hablarle, yo ya me fui complacida por esta reacción tan vital, consciente, generosa y amorosa de esta chica.

Pero, no acaba aquí la cosa, al cabo de un par de meses de esta partida, estaba yo distraída en mis quehaceres, no recuerdo ahora, y se me aparece claramente la cara del padre de mi amiga, era él, su rostro era enorme, solo se me apareció la cara, y sin mediar palabra, me conectó con un «Gracias».

Me quedé de un aire, estaba entre sorprendida y satisfecha, sí, esto me confirmaba una vez más que las personas cuando se «van», siguen en contacto, por lo menos muchas de ellas, ya sea para agradecer, como en este caso o porque dejan algo pendiente, o porque piden dispensa allí arriba, para que les permitan una vez pasado el proceso de purificación, atender, proteger, incluso dirigir algunos aspectos de la vida de sus seres queridos, también como se verá más adelante, algunas quedan «enganchadas» desde el desconocimiento y la ignorancia a la pena, o desespero que su partida ha causado a sus seres queridos, entre otras muchas variantes en este mundo del Espíritu, que no tiene fin, y cuanto más te adentras en él, más tienes la sensación de que en verdad, no sabes de la «misa la media».

Bien, volviendo a esta «aparición real», porque no estaba dormida, ni en duerme vela, estaba totalmente despierta haciendo no recuerdo qué, cuando me dio ese mensaje, pensé que me agradecía haber hablado aquel día con su hija en el velatorio, cuya reacción fue, la verdad, muy bonita; creí que me daba las gracias porque le hice saber que él era el que estaba solo, y era el que en realidad necesitaba todo el amor y compañía posible para aligerarle ese viaje, y no «sufrir» el dolor y la pena que su partida estaba causando a su familia.

En ese momento pensé en contar a mi amiga ese mensaje que había recibido de su padre, pero me retuvo el saber, porque la conocía bien, que lo primero que me diría sería: ¿por qué te lo dice a ti y no a mí?

Este pensamiento certero, me retrasó, no sabía qué hacer.

Al cabo de unos días, decidí contárselo y la llamé, ella también estaba abierta a este mágico mundo espiritual, y cuando le expliqué lo que os he dicho,… la pregunta del millón…oh! (en tono de queja), ¿cómo es que te lo dice a ti y no a mí?

Yo le dije que con ella no podía contactar, que lo intentó y como no pudo, lo hizo conmigo, porque sabía que el mensaje te llegaría, ya que estaba convencido que confiabas en mí, y que no te iba a decir una cosa por otra.

Pero, lo mejor, es que, al hablar con ella, comprendí mi error. El mensaje no era para darme a mí las gracias, sino a ella. Se comunicó de esa manera conmigo, para dar las gracias a su hija, porque a raíz de lo que se la indicó aquel día en el tanatorio, ella hizo un cambio de 180º, y con su actitud, le ayudó a llegar «allí», dónde tenía que ir, porque le quitó ese sufrir por su familia, y por ella, y que por ello se sentía libre, acompañado y muy amado, y así, antes de partir definitivamente, quiso darle a su hija este mensaje de Gratitud.

CAPÍTULO VI

¿Por qué a mi hijo?

En otro momento, una conocida me comentó, que aún le dolía la muerte de su hijo, hacía ya tiempo que murió, pero ella aún seguía con una pena, con una congoja que no se la sacaba de encima de ninguna manera.

Tenía una hija ya de unos veinte años, pero aún pasados, creo seis años de la muerte de su hijo, aún lloraba ese vacío irreemplazable.

En uno de los encuentros que tuve con ella, me dijo si podía averiguar de alguna manera, cómo estaba su queridísimo hijo, yo le dije, como siempre digo, que preguntaría a mis Maestros para que, a través de ellos, me llegara la información que pudiera necesitar cualquier persona, en este caso, ella.

Pregunté a mis Guías y Maestros cómo y dónde se encontraba ese niño.

Enseguida, me vino la visualización de un niño muy triste, abatido, como enredado en las mallas de la pena y desconsuelo.

Los Maestros, en este caso, me dijeron que este niño había quedado atrapado en la pena y desespero de su madre, que no podía marchar dónde debía ir, porque ese sufrimiento le reclamaba de tal manera, que le inmovilizaba en ese pertinaz sufrimiento.

Y además ese ser, ese niño les pidió a los Maestros que dijeran a su madre que él estaba bien, pero que le hacía mucho daño ese desesperado apego que había encarcelado a su madre, pero también a él y pedía encarecidamente, que su madre le dejara ir.

Los Maestros me conectaron la angustia de ese niño atrapado por la pena de su madre.

Tal cual os lo he explicado, se lo trasladé a la madre, que después de escucharlo, entre lágrimas, me dijo que lo sentía, pero era imposible para ella, que su recuerdo la tenía totalmente ocupada, y que no podía dejar de sufrir por su ausencia.

La insistí del daño que se estaba haciendo y también a su hijo, pero no hubo manera de hacerla entrar en razón.

Este comportamiento es muy normal, que no correcto de personas que pierden a sus hijos, padres o personas muy, muy queridas, y a las que sin saber han desarrollado un apego, que es muy pernicioso, no sólo para el doliente, sino también, como en este caso, a esa Alma que ya le tocaba marchar en libertad.

Por eso, es muy importante, ser consciente que a veces, el amor desde ese apego-desespero, tiene consecuencias nefastas, tanto a corto, como a largo plazo, porque no sólo quedas tú atado a ese sufrimiento, sino que sin saber, o sin querer, o anteponiendo tu dolor a su libertad, atas, aprisionas y obstaculizas el camino que ha de seguir esa persona que partió, imbuyéndole en ese sufrir, que ya no le toca.

CAPÍTULO VII

¿Cómo es que aún estás aquí?

En este caso, tan sorprendente como los demás, trata de un padre que después de una enfermedad dolorosa, parte hacia el más allá. Su partida se cuidó con esmero, porque sus familiares le permitieron esas horas de más, para dar tiempo a su Alma y a sus cuerpos metal y emocional darse cuenta de la situación que ahora estaba experimentando, la «partida», eso de unas horas de más, significa, que se deja a la persona dos o tres días en casa, si es posible, para que toda su energía tome conciencia de que se ha marchado, y que su cuerpo físico ha quedado desconectado de sus otros cuerpos y que ya no puede interrelacionarse con los demás como hasta ahora lo estaba haciendo, esto, cuando se puede hacer es muy beneficioso para el que marcha. Insisto, si se puede hacer.

Bien, en este caso, su familia le pudo tener en casa ese día y medio, o dos, antes de que la funeraria se lo llevara.

Era una persona tranquila, sabia, honesta y su partida, parecía no tener obstáculos.

Pero, aun estando en la casa familiar, él de cuerpo presente, hubo una fuerte discusión ajena a él, pero uno de los hijos, que en este momento estaba junto a su padre, observó como literalmente su padre abrió los ojos, así de golpe, entonces enseguida relacionó ese movimiento ocular con la energía de discusión que llegó a la habitación dónde se encontraban los dos.

El hijo fue a inquirir a sus familiares que esa discusión había provocado un malestar a su padre, y que, en señal de ello, abrió los ojos de par en par.

Bien, se reconciliaron las cosas, y a los dos días vino la funeraria y se lo llevó.

Al cabo de un par de días, hubo otra discusión en la familia que entristeció a la madre. El hijo notaba algo en la casa, que no sabía que era y me llamó para ver si yo podía ayudar, porque tuvo una extraña sensación que le dejó intranquilo.

Yo, como siempre, contacté con mis Maestros y les traspasé esa inquietud.

Como respuesta, los Maestros dijeron, que este señor amaba profundamente a su esposa, que siempre la había respetado y amado, que al llegar a él esa discusión que causó sufrimiento a su esposa, regiró, abandonó su viaje hacia donde le tocaba ir y regresó con su cuerpo mental y emocional al lado de su esposa, era para él como una protección, consuelo y compañía que le ofrecía a su amada.

Esta alma, abandonó, aparcó su destino para estar al lado de su esposa.

Es decir, esa discusión interrumpió, le hizo recular, porque se vio en la necesidad de aparcar su destino a favor de la compañía y protección que creyó deber a su esposa, y así se lo transmití al hijo, que comprendió ciertas cosas, como que esos días había notado un fuerte olor a su padre, me dijo que era un olor característico que andando por la casa lo había vuelto a sentir, y también sentía algunas veces, su presencia detrás de su madre, todas esas sensaciones, fueron confirmadas por la información que recibió del estado de su padre.

Qué debemos tener en cuenta de esta experiencia, que hay que tener mucho cuidado con nuestras actitudes y pensamientos que podrían afectar en vida a un difunto, porque éste, puede interrumpir su viaje a su costa, para tratar de «arreglar» lo que los vivos están haciendo, porque tanto los que se van, como los que quedamos estamos unidos por esa malla energética que hace de nosotros una pieza Universal, compartimentada en millones de piezas interconectadas, estemos donde estemos y hagamos lo que hagamos.

Es importante, tomar responsabilidad de nuestros sentimientos y acciones, en relación a las personas que se apean de nuestra vida, ya que al igual que a nosotros, a ellos según el proceso que estén siguiendo, les puede afectar en su contra.

CAPÍTULO VIII

Gracias por tu interés en mí

Este otro acontecimiento, viene de la mano de otra consulta que me hizo una señora mayor, ella había ejercido la videncia, impartido cursillos espirituales, incluso, escrito libros.

Su marido había fallecido hacía cinco años y ella desde que él marchó, no volvió a tocar nada que tuviera que ver con el Espíritu, dejó de leer libros, de meditar, etc. se desconectó por completo de las cosas del Espíritu.

Pero notaba algo raro, ella intuía, aunque sin confirmación, que había algo que la faltaba, que no comprendía, pero desde su interior la gritaba, pero ella no sabía qué, y me pidió que si podía saber de alguna manera cómo estaba su marido.

Yo, como siempre, le dije que lo comentaría con mis Maestros, y que ya le diría algo, si recibía la información que me pedía.

Pregunté a mis Maestros y Éstos me transmitieron lo siguiente:

Que su marido estaba muy preocupado, porque no podía contactar con ella, porque le quería decir que no había tiempo que perder, que era urgente que retomara sus lecturas, sus meditaciones, que era muy necesario que volviera a las prácticas espirituales que había abandonado a su muerte.

Que él había sido llamado para ir a otro lugar, pero que había pedido que antes de marchar definitivamente del contacto con sus familiares, es decir, con ella, le permitieran darle este importante aviso, ya que parecía no hacer caso de todas las sincronicidades y avisos que le estaba enviando.

Yo, así se lo trasladé, y ella me confirmó, lo que os he explicado al principio en relación a su trayectoria espiritual, incluso, me dijo que había tenido en sus tiempos muchos seguidores, incluso, había sentado escuela.

Le transmití la preocupación de su marido, y que él estaba «perdiendo su tiempo», para que, por fin, le llegara a ella este urgente mensaje.

¿Qué nos dice esta experiencia, esta interconexión?

Pues, que cuando una persona desencarna, tiene la posibilidad desde «allí» de avisar, contactar con sus seres queridos, ya sea a través de la sensibilidad del vivo, su intuición u otros medios o personas que facilitan la llegada de ese mensaje.

Aquí, una vez más, queda patente que esos cuerpos mental y emocional siguen en conexión con sus seres queridos e incluso pueden pedir dispensa (permiso), para avisar, proteger o dirigir a aquellos.

Y si éstos, por lo que sea, se cierran a «creer» o escuchar, pueden en algunos casos, «inmovilizar» a ese ser a quedarse en esa frecuencia de desespero, hasta que la persona amada responde a ese aviso o conexión.

Diréis, sí, pero cómo saberlo, igual nosotros no hemos sabido atender a algún aviso o conexión y hemos dañado, sin querer, a ese ser amado que partió. Os decimos: todo tiene un proceso de aprendizaje, tanto para los que se van, como para los que se quedan.

Nadie es responsable del proceso evolutivo de otra Alma, esté en la frecuencia que esté, ya que, igual que las personas encarnadas pueden llegar a ese discernimiento de que todo sigue un Plan sin nuestro permiso, pero sí aceptación y agradecimiento, por lo que nadie es culpable de nada en ningún sentido.

Así igualmente, los que han traspasado otras frecuencias de tercera Dimensión deben discernir que, si ese ser querido no alcanza a tener esa sensibilidad que le puede hacer contactar con él, o buscar otros medios para que así sea, también tiene que comprender que todo sigue ese Plan.

En verdad, estos casos que aquí se están describiendo con todo el amor y respeto, es para que os concienciéis de que cuando un ser querido desencarna, nuestra ignorancia por dolor, sufrimiento, enfado, puede ralentizar su camino hacia la Luz.

Así también, si somos conscientes y estamos al tanto de sensaciones que nos son desconocidas, este libro pretende que no las paséis por alto, y busquéis los medios necesarios para que os confirmen esas intuiciones o sensaciones, porque con ese conocimiento, aún se puede hacer mucho bien a aquellos que en su día partieron de nuestro lado, pero a nivel físico, sólo a nivel físico.

Hay veces, que estos viajeros ya están más preparados y hacen el viaje sin paradas, pero, en cualquier caso, es importante que abráis vuestras mentes y corazones y sepáis que nada tiene fin, ni siquiera las relaciones que en su día comenzaron con un nacimiento, y en muchos casos siguen después de la muerte.

)

CAPÍTULO XIX

Gracias, hijos

En este caso, la madre de unos amigos falleció después de una larga enfermedad (Alzheimer).

Cuando falleció, estaba en un estado avanzado de esa enfermedad, no obstante, en una de las visitas que hice a esa señora, a poco tiempo de su partida, pude comprobar que tenía momentos de lucidez, en los que me reconocía por unos instantes, incluso, me seguía la broma.

También observé, que en algún momento la invadía el miedo, porque o no reconocía lo que le pasaba, o no conocía a la persona que estaba allí.

Es una enfermedad dolorosa, no sólo para los familiares que se encargan del enfermo, sino también para ellos mismos, eso me entristeció un poco, porque creía, en mi ignorancia, que no era consciente de ese miedo, desconsuelo y falta de seguridad en relación a lo que estaba viviendo, y sentí su miedo, su soledad en compañía.

Llegó el momento de su marcha, y yo, sin que me lo pidieran sus familiares, quise «saber» en qué estado se había ido, qué sentía un Alma cuyo cuerpo físico y mental ha perdido, la conciencia, el recuerdo, y pedí a mis Maestros que me transmitieran su estado, su ánimo, y si tenía algo que comunicar.

Al poco rato, casi de inmediato, me transmitieron lo siguiente:

A pesar de ese estado de inconsciencia, en el que murió esa persona, tenía un mensaje muy claro para sus hijos.

Quiso que a sus hijos les llegara su agradecimiento por lo que la habían cuidado y atendido todos esos años de larga enfermedad, por su paciencia y esmero para que ella estuviera bien atendida y lo más cómoda posible.

Le dije mentalmente, que enseguida se lo trasladaría a sus hijos, y así lo hice, y sentí una paz inmensa y gratitud que me transmitió su energía, sentí que marchó en paz.

Esta experiencia, también nos muestra, que a veces un pequeño mensaje, una pequeña conexión facilita al que se va, el viaje, ya que no deja nada pendiente y puede marchar libre, sintiéndose amada y agradecida, en este caso, le bastaba que sus hijos recibieran su amor y reconocimiento, y marchó en paz.

CAPÍTULO X

Me voy sin recordar

TAMBIÉN HE PODIDO constatar, que hay personas a las que se las lleva esa enfermedad, el Alzheimer, y se van con la mente totalmente paralizada, no recuerdan nada, ni siquiera a un nivel medio profundo.

Tuve curiosidad de lo que pasaba con el Alma que partía con esas condiciones físicas y mentales, y al morir un ser querido de esa enfermedad, pregunté a mis Guías cómo se encontraba, qué sentía.

La información que recibí fue la siguiente:

Estaba como en una especie de tubo ancho de cristal transparente y ella flotaba como si la sostuviera el agua que llenaba ese tubo-pecera. Ella estaba como suspendida, me recordó a los astronautas cuando flotan, en esos reportajes que salen en la tele.

Pregunté que porqué estaba allí y me dijeron que era porque antes de procesar lo que había vivido, sus experiencias, acciones desde el ego, o el proceso de recuerdo, de reconexión con su existencia pasada, y hasta que ese recuerdo no llegara, estaba en esa «suspensión».

Aquí, también me quedé sorprendida, de ese proceso del que no había oído hablar, y también me dejó muy tranquila, por haber podido acceder a esta información, que te da esa confianza, que sea cual sea el estado en el que te vas, siempre te facilitan lo mejor para tu bienestar y evolución.

CAPÍTULO XI

¿Por qué a mí?

Este caso, se trata de la muerte de un hombre de sesenta años, su aspecto, no obstante, era de un joven, no le ponías físicamente más de cuarenta años.

Su partida fue provocada por un cáncer que derivó en metástasis, como era una persona cercana a mí, pude en vida, ofrecerle algunas recomendaciones que le ayudarían quizás, a sanar y a obviar ese resultado pronosticado, pero se negó en redondo, no quería ver a nadie, se aisló y además de la enfermedad, arrastraba una fuerte depresión, era padre de familia, además era un padre muy amoroso y solícito con sus hijos, tenía verdadera «debilidad» por ellos, se notaba su alegría cuando les veías juntos, o él hablaba de cualquiera de ellos, en término coloquial, está esa conocida expresión ,» se le caía la baba».

Y al cabo de pocos meses, llegó ese desenlace que le llevó irremediablemente a esa partida, para él dolorosa y temida.

Al llegar ese desenlace, yo como le quiero mucho, quise saber cómo estaba, ya que sabía, que en vida lo pasó muy mal en sus últimos meses.

He de decir, que una de sus facetas era la de un artista con mucha sensibilidad, por eso me impactó el saber, el conocer su estado de ánimo después de su muerte.

Pregunté a mis Guías si me podían trasladar cómo estaba esa persona a la que yo apreciaba mucho, además, no solo yo, era una persona muy querida por mucha gente.

La información que recibí fue que no se había ido en paz, se fue enfadado por lo que le había tocado vivir, por esa temprana y mortífera enfermedad que le sesgó sus relaciones familiares, le separó de sus amados hijos y esposa, le saboteó un futuro en el que ya tenía proyectos e ilusiones.

Además, los Maestros me permitieron «ver» cómo se encontraba «físicamente» cómo estaba y me le representaron en un túnel oscuro, largo y algo húmedo, él estaba sentado en el suelo muy enfadado, diría yo, rabioso, tenía la cara metida entre sus rodillas, era una escena triste y oscura, y no levantaba cabeza, estaba como muy enfurruñado, no quería mirar a ningún lugar, estaba apalancado en ese estado de enfado y contrariedad en grado supino.

Pregunté a mis Guías si se podía hacer algo por él, y me dijeron que no, que se había desconectado de su Esencia, y que sólo le ocupaba ese enfado al que le llevó esa apreciación suya de injusticia, ¿por qué yo?, ¿por qué a mí?

Pasaron varios meses, y volví a tener la «curiosidad» de saber cómo seguía y conecté con mis Guías para que me transmitieran esa información, y lo mismo, me permitieron visualizar lo mismo, estaba exactamente igual que al principio de su partida.

Al cabo de dos o tres años, volví a interesarme por su estado, y esta vez quiso dar un mensaje: los Maestros me transmitieron que su deseo era que su mujer acabara algo que había quedado pendiente, no me dijeron el qué, sólo que había una cosa inacabada, y pedía desde ese lugar que su mujer la acabara.

Tal cual lo recibí, así se lo hice saber a su mujer.

Yo ya no continué en saber su estado, porque una vez trasladado el mensaje, el devenir de la liberación tanto para uno, como para el otro (el que se ha ido, y el que se queda), ya entra aquí el libre albedrío del que queda, de abrir o no corazón y mente.

Este caso, confirma una vez más, que cuando el Alma que parte necesita contactar, sus Guías, Ángeles o Seres de Luz que lo acompañan se las «apañan», por lo menos para que ese mensaje llegue al destinatario, sea o no recogido y ejecutado.

CAPÍTULO XII

Mi herencia, mi recuerdo vivido

Este caso, llega de la mano de la tragedia.

La vida de un joven que el mismo día de su cumpleaños, un coche le arrebató la vida de forma fulminante y devastadora para su familia.

Este joven, tenía una vida prometedora y un regalo que compartir con su familia, que luego os diré. De momento, este regalo habría sido una sorpresa para decidir compartirla en el momento oportuno, y ese momento era en ese fatídico día, a poco rato de ese desenlace fatal.

Nada se sabía de esa sorpresa, ni siquiera se sospechaba por su familia.

Llegó el día del velatorio, yo me acerqué a los padres, otros seres que amo desde que los conozco.

Me acerqué a la madre que lloraba desconsoladamente, le hablé de esa interconexión que aún, pasado ese shock, podía mantener con su hijo y de otras cosas del Espíritu, poco a poco, se fue calmando, parecía que escuchaba con los oídos del corazón, ya que no está muy abierta a este mágico y espectacular mundo del Espíritu, pero fuera, como fuese, fue entrando en un consuelo apaciguador, dejó de llorar y se fue tranquilizando, pero no es ahí donde quiero llegar, lo «curioso de este consuelo, fue cuando sin más, le dije, no sé de dónde vino, ni por qué: «tu hijo os ha dejado un regalo antes de irse».

Yo lo dije, ella lo escuchó y la verdad, es que quedó como si nada.

Pero al cabo de unos días, la hermana del padre me dijo: ¿Sabes aquello que le dijiste a su madre en el velatorio?, yo la verdad, no lo recordaba, se ve que fue una de esas conexiones de las que no eres consciente, eso también pasa, y me dijo: el regalo del que le hablaste, es una hija, un par de meses antes había engendrado una niña, y ese día, el de su partida, era la gran noticia que ya querían compartir con sus padres y demás familia.

Me emocioné al comprender cómo los que parten, se preocupan y consuelan dentro de lo que pueden a sus seres queridos, es como...» me he tenido que ir... pero os dejo una preciosa parte de mí, encarnada en mi hija».

Precioso.

CAPÍTULO XIII

Déjame marchar

En este capítulo, abordaremos esa experiencia de tránsito de un chico joven, unos veinticinco años más o menos, que falleció debido a un accidente laboral.

Los padres quedaron destrozados, como es de suponer, la madre no levantaba cabeza y al padre le invadía también una tristeza insondable, y así pasaron varios años.

Un día este amigo me comentó lo mal que aún se sentía por la muerte de su hijo, que no lo superaba, y eso le estaba destrozando por dentro.

Le ofrecí un trabajo de Rescate del Alma, para ver cómo podía él salir de esta tristeza, (este trabajo consiste en un escáner profundo de tu forma de pensar, sentir, de que energía de amor tiene tu corazón, qué relación tienes con tu Alma en ese momento, que bloqueos tienes a nivel de expresión, etc.).

Cuando llegué en este trabajo a la parte de la relación con su Alma (la del padre, el trabajo se realizaba para el padre), me sorprendió que la información que recibí, era de los Guías del hijo, que pedían contactar con mi amigo.

En el trabajo pude visualizar telepáticamente lo siguiente:

Se me representó el Alma de mi amigo con la forma de un hombre cuarentón, fuerte, (en estos trabajos dan una forma física al Alma, no porque la tenga, sino para que la persona pueda saber qué calidad energética tiene su Alma en estos momentos, y su relación con ella, esa forma física, no tiene porqué corresponder al físico de la persona que hace el trabajo), bien, veo el Alma de mi amigo y como a ese hombre fuerte, se le acercan unas figuras (los Guías del hijo), y le dicen que su hijo necesita contactar con él.

Veo en esa visión telepática, como otra figura igual de alta que él, también de aspecto fuerte, más joven, se acerca al Alma de mi amigo, y veo como los dos se marchan de espaldas cogidos por los hombros.

Pregunto a los Maestros que se dicen, y los Maestros me informan de que este trabajo ha servido para que el hijo pudiera conectar con su padre y pedirle que le soltara, que él tenía «cosas» que hacer, pero que su pena le impedía avanzar, que sabía que le quería mucho, pero ese sufrimiento le apalancaba, que había tratado de contactar con él, pero esa pena, esa energía tan potente, opaca, no le permitía llegar a él, y que le agradecía este trabajo, que le había permitido por fin, poder expresar a su padre el deseo de su liberación a través del amor que los dos se sentían mutuamente, pero no a través del dolor y ese gran sufrimiento que estaba consumiendo a los dos.

Después observé como esas dos Almas se abrazaban, y se difuminó la escena.

Le comenté al padre todo el trabajo, y en especial lo que el Alma de su hijo le había pedido encarecidamente. El padre rompió a llorar, y dijo que haría lo posible ya, por ayudar a su hijo desde aquí, soltando esa pena tan profunda.

Aquí, lo mismo que en las otras vivencias, queda patente esa interconexión que existe entre los que se van y los que quedamos.

En muy importante tener en cuenta, y a pesar del dolor que sintamos por su partida, empezar a comprender que, aunque no los tenemos físicamente, si podemos continuar nuestra relación con ellos, hasta que sí, partan definitivamente a la Pura Luz y en este punto, nosotros podemos ayudarles desde ese Amor que lo conecta Todo.

PARTE II

Ahora esta segunda parte del libro, para algunos podrá resultar novedosa, increíble o cuando menos sorprendente, ya que se describirán experiencias, no sólo en vida, sino también después de la muerte, vividas y expresadas desde esos Seres de Luz, Amor, Complicidad, que son los animales.

Estos Seres al igual que nosotros, sí, al igual, tienen sentimientos, afecciones, enfermedades y también Propósito.

Al igual que nosotros venimos comprometidos a un Plan, estos seres amorosos vienen también a cumplir su Plan, su Propósito, solo que ellos no son, quizás conscientes de ello, por eso, necesitan que les ayudemos a realizar y completar el Plan para el que han llegado a nuestras vidas.

En estas líneas, solo se hablará en relación a los animales que forman parte de nuestra familia, con los que he interrelacionado.

Lógicamente, al igual que nosotros, todos tienen ese Propósito, pero sólo se constatarán las experiencias vividas con ellos, desde mi conexión facilitada y dirigida por mis Guías y Maestros.

Los animales que conviven con nosotros sobre todo y todos los demás, en su mayoría quieren hacerse comprender, ya que tienen mucho que decir, que aportar a nuestra vida, pero nosotros, en nuestra ignorancia, les vemos como seres que no pueden comprender, ni mucho menos comunicarse, y nada más lejos de ello.

A través de las experiencias que se constatarán a continuación, podréis observar y comprender que los animales son grandes comunicadores, si nos empleamos en escucharlos, en atenderlos. Las páginas de este libro a través de las experiencias vividas que aquí se compartirán, nos hacen comprender que estos animales con su comportamiento, no actúan solo por instinto, sino que, como el hombre, el instinto queda solapado por el amor, el reconocimiento y la gratitud, solo tenemos que observarlo, reconocerlo y apreciarlo.

Ellos, como Almas que son, su propia palabra lo indica, (Anima-l= Alma), son nuestros amigos, seamos nosotros sus cómplices.

Por ello, os invito a abrir la mente desde vuestros corazones.

CAPÍTULO XIV

Te invito a que te abras a ese mundo desconocido para ti:
La Energía Universal

HACE MUCHOS AÑOS, nuestra familia no estaba abierta, ni mucho menos, a este mundo de las Energías, lo intangible, lo invisible, lo incognoscible, no nos interesaba para nada.

Pero el Universo, es muy cuco y siempre pone en tu camino elementos que te hacen ver cosas, sentir cosas o ir por caminos que jamás hubieras pensado.

Bien, este elemento del que se sirvió el Universo se llamó Derrick, era un gran danés negro, precioso, muy alto, mi hermana fue la que se fijó en él, y lo trajimos a casa. Su entrada no fue para que llenara un lugar en nuestra vida, ya que cuando Derrick entró, en casa ya teníamos cinco perros grandes, que hacían las delicias de nuestra numerosa familia, pero el «destino», el «Plan», quiso que hiciéramos un hueco en nuestra familia a este gran danés.

Era un perro dócil, muy inteligente, muy generoso con sus hermanos y hermanitas, ya que les dejaba su sitio si alguno se ponía pesado y se lo pedía, entonces él pacíficamente se levantaba, le dejaba sentarse o tumbarse y él se iba a otro lugar.

Hasta aquí, bien, todo con normalidad, pero cuando Derrick creció, tuvo una afección muy fuerte en la columna, no le sostenían las patas y caía, se desplomaba, lo llevamos a varios veterinarios, al final de todo un calvario, decidimos que lo operaran de la columna.

Este Ser, este amigo nos amaba por demás, nos quería muchísimo, hasta el punto de que, una vez operado, tenía toda la columna con una herida descomunal, y aún no habían pasado cinco horas desde la operación, que quisimos verle, el veterinario nos dijo que no era posible, que estaba en unas condiciones muy débiles, ya que la operación había sido larga y muy complicada, insistimos tanto que al final nos dejó pasar a verlo, estaba en una gran jaula reposando, se le veía atontado, nada más vernos se puso de pie para poder estar más cerca de nosotras, el veterinario no daba crédito, ya que nos advirtió antes de verle, que no podría ponerse de pie por lo menos en unos quince o veinte días, en fin, para que veáis que fuerza da el Amor.

Al cabo de poco tiempo, a pesar de la operación, Derrick volvió a caer, la operación no había servido para nada, entramos en desesperación, no sabíamos qué hacer, y unos amigos nos hablaron de la Energía Universal.

Después de comprobar que esa Energía invisible, intangible… funcionaba (ya que esta amiga me quitó una fuerte jaqueca con las manos, una noche que salimos juntos a cenar), pregunté si esta Energía se podía aplicar a los animales, y me dijeron que sí, que incluso a las plantas también.

Entonces, me apunté a unos cursillos que enseñaban como ser canal para traspasar esa Energía Universal sanadora.

Después del cursillo, ya estaba preparada para poner las manos a Derrick, y nada más llegar a casa, el último día del cursillo, me puse a ello, le llamé, él se tumbó a mis pies y le puse las manos en su columna, a los dos minutos, como mucho, su columna hizo un movimiento muy súbito, espectacular, como un látigo que se mueve bruscamente.

Mis padres, mi hermana y yo quedamos sorprendidísimos ante aquella reacción, pero es que después de los diez minutos que dediqué a esa transmisión, al acabar, Derrick se levantó y me lamió con verdadera gratitud las manos, me hizo comprender que él sabía de dónde venía esa sanación y esa reacción inmediata de la columna.

Cada día le daba esos diez minutos de energía, y él ya, desde ese primer día caminaba sin problemas, hasta el punto de que la veterinaria (era otra distinta al que le operó), que hasta entonces le había tratado cada dos días con dolorosas infiltraciones, al ver que ya no llevábamos a Derrick a su consulta para someterlo a esas infiltraciones, me llamó y me dijo que como no llevábamos a Derrick a tratarlo, que ya habían pasado varias semanas, y no sabía nada de cómo se podría encontrar, le dije que Derrick estaba bien, no se lo creyó, y me pidió que le llevara a su consulta, que por favor, quería comprobarlo, y así lo hicimos.

Ella ante su sorpresa e incredulidad, llegó a pensar que le estaba visitando otro veterinario, y para ver si Derrick cedía, le apretaba con sus manos y con fuerza hacia abajo el lomo, su columna, y él no caía, ni cedía, ni se tambaleaba, quedó totalmente descolocada, no se lo explicaba medicamente hablando.

Y así fue como Derrick nos metió de pleno en el mundo de las Energías, ese mágico y especial mundo de la sanación, en este caso.

Pero el Plan de Derrick, no acababa ahí, la razón por la que entró en nuestra familia, no fue solo para encaminarnos, dirigirnos a este mundo sanador, sino que vino a romper patrones de conocimientos que hasta entonces yo había aceptado como ciertos, como incuestionables, vino a que me cuestionara ese orden preestablecido de los reinos, el primero reino mineral, el segundo el vegetal, y el tercero el animal y el cuarto el humano. ¿Cómo?

Pues, al poco de morir Derrick, estaba yo medio despierta, pero consciente, y se me apareció en la habitación su cara, era su cara de perro, pero llevaba una capucha que le hacía parecer a todas luces, un monje, y me dijo: «Yo en otros tiempos fui tu Prior».

Fue una experiencia clarísima, categórica, era él, pero su aspecto, su capucha era de un monje.

Y pregunté enseguida a mis Guías si esta aparición e información se ajustaba a esa Verdad, que no se relacionaba con ese orden preestablecido de los cuatro reinos, y me dijeron que sí.

Que hay Almas que, indistintamente de la forma que hubieran elegido para cumplir un Propósito determinado, podían, digamos, para entendernos, «recular», y en una existencia anterior haber usado un cuerpo humano.

En otra encarnación posterior podían acceder a usar un cuerpo, por ejemplo, de animal, porque el mensaje que tenían que dar, era más fácil que llegara desde una determinada forma física, independientemente de si había sido antes humano o no.

Ahí comprendí porqué había elegido este Prior, esa forma de perro, de ese fiel y amadísimo cómplice de Luz, porqué cuando aquellos amigos me propusieron esos cursillos para aprender «eso» de la Energía Universal, dije que sí, cuando me dijeron que también era práctico y viable para los animales, si solo hubiera servido para personas, ya desde aquí os digo, que el Universo se hubiera tenido que « calentar» la cabeza para enviarnos otro emisario, que nos hiciera mirar hacia este maravilloso mundo de las energías.

Por otro lado, este caso, sin ser conscientes en esos momentos, ayudamos a nuestro queridísimo Derrick a que su Propósito, su Plan quedara cumplido; es uno de los pocos animales que se llevó el «trabajo hecho», pudo irse con su Plan ejecutado: que nosotras nos proyectáramos en el mundo del Espíritu, empezando desde esa práctica y descubrimiento.

Comprendí que este gran amigo y cómplice de la Luz, vino con un Propósito: el de que entráramos en contacto, en conexión con ese otro lado que todos tenemos y muchos olvidamos, o no queremos reconocer por miedo o ignorancia, el del Espíritu.

Los animales y en especial los que conviven con nosotros, no vienen a pagar karma, o a recordar qué es el Amor, porque eso ya lo tienen más que integrado, vienen a enseñarnos lo que es la paciencia, el amor incondicional, no ya el perdón, sino la aceptación en grado puro, la honestidad, la fidelidad.

Ellos vienen a acompañarnos en nuestro camino espiritual, vienen, si se lo permitimos, a ayudarnos a conectar con nuestro Propósito, porque muchos, a través de la enfermedad, nos apuntan qué es lo que en verdad tenemos que lidiar que liberar, para llegar a comprender el porqué de muchas cosas.

Pero de eso, hablaremos más adelante.

CAPÍTULO XV

Lo siento

En este capítulo, tocaremos la honestidad, la inocencia del Alma de estos queridos y por muchos reconocidos hermanos de Luz.

Un día ojeando las redes sociales, me impactó la foto, que sin más salió en mi pantalla, digo sin más, porque no la busqué, en la foto se veía a un bóxer ahorcado en el vacío de un acantilado.

La foto me causó un impacto brutal, y me conectó una tristeza insondable que partía de ese perrito. Sentí, incluso, solo con ver esa imagen, mucho dolor. Quedé un buen rato muy descolocada.

No quise dejar la cosa en esa desagradable y desalmada imagen que provocó en mí ese impacto y pregunté a mis Maestros, si esa sensación que me asaltó, al ver en la foto ese dolor, fue correcta, si capté bien esa impresión de dolor profundo.

Y me dijeron que sí, que la imagen, en verdad, transmitía ese dolor insondable y que su Alma estaba suspendida junto a ese cuerpo ya sin vida, y no podía seguir su camino a la Luz, porque el mental y emocional de ese perrito, habían quedado atrapados en la culpa.

Yo, la verdad, no daba crédito a esa información, les repliqué, ¿cómo es posible que él sienta culpa de ese horripilante acto contra él?

Los Maestros me dijeron, que estos amigos son tan leales y puros en su sentir, es tan profundo el Amor que sienten por su «dueño», que no pueden comprender el grado de maldad del humano, y en este caso, en concreto, este bóxer creyó que su «dueño» le había castigado colgándole de esa cuerda, porque él había hecho algo malo, que le había hecho enfadar, y por eso no podía seguir su camino, porque estaba muy afligido por haber hecho enfadar de tal manera a su dueño, hasta obligarle a castigarle de esa manera.

Esta información, me sobrecogió, ¿cómo es posible tanta inocencia, tanto amor al prójimo?... qué pasada!... increíble!...

Entonces, pregunté nuevamente a mis Maestros, si era posible hacer algo, para que su Alma pudiera liberarse de ese pesar y continuar su camino hacia la Luz.

Ellos me dijeron que me pusiera en meditación, y que mentalmente y de corazón hablara a su Alma, y le hiciera comprender que él no había tenido la culpa, que ese acto cruel había sido provocado por el desequilibrio mental y emocional de su «amo», que no tenía nada que ver con su comportamiento, que él no había hecho nada malo y que podía marchar en paz,

Así lo hice.

Volví a mirar la foto y observé como esa imagen, cuyo rostro antes denotaba verdadero sufrimiento, se había relajado, el cuerpo suspendido ya no estaba tenso y experimenté, literalmente, la liberación de su Alma.

Fue una experiencia muy sorprendente y que me llevó a comprender otra cosa más de estos Ángeles que nos acompañan en nuestros juegos, alegrías, tristezas, que su amor por nosotros es tan grande, que antes de pensar que nosotros, muchas veces, no estamos a su altura (a veces, nos enfadamos y las pagamos con ellos, o no les hacemos caso, o les gritamos o castigamos injustamente), y nos enfadamos con ellos, prefieren pedir perdón por algo que no han hecho, que pensar que somos nosotros los que injustamente los hemos tratado.

Esta experiencia me enseñó, lo que es el Amor Incondicional, lo que es la Fidelidad, la Pureza, la Inocencia en grado Puro, el Sacrificio y el Perdón.

Gracias Angélicos Compañeros de Luz.

CAPÍTULO XVI

Hay algo pendiente

EN ESTE CAPÍTULO, vamos a abordar cómo una paloma, criada y amada por una familia, también puso su granito de arena, pudiendo a la vez, cumplir su Propósito para el que llegó a esa familia.

El caso es el siguiente:

Un día me llamó una amiga y me comentó que tenía una paloma a la que amaba mucho, pero que llevaba ingresada en el hospital veterinario ya una semana, y que los veterinarios que la tenían en observación no daban con la enfermedad que la afligía.

Me comentó con gran pesar, que su paloma estaba muy tirada, no comía, le daban medicamentos, pero no reaccionaba a ninguno de ellos y que cada vez se iba quedando más delgadita.

Le dije que lo sentía mucho, y que preguntaría a mis Maestros, para saber de qué la venía esta rara dolencia y cómo poder ayudarla.

Y así lo hice.

Los Maestros me comunicaron que este Ser había utilizado esa «rara enfermedad», para llamar la atención a su «dueña» (en realidad hermana), porque tenía que darle un importante mensaje.

El mensaje era el siguiente: la madre de esta chica había fallecido hacía unos seis meses y en vida la relación madre-hija no era todo lo buena que hubiera podido ser, y por ello, la madre, su mental y emocional habían quedado atrapados en esa pena de no poder trasladar a su hija el amor que en verdad sentía por ella, que no supo expresarlo, y hacérselo saber en vida.

Y eso provocaba en ella ese «enganche» a no poder marchar, porque la angustiaba que ella se hubiera ido sin decirle que, en verdad, la amaba y la había amado siempre.

Los Maestros aconsejaron que su hija, mi amiga, se pudiera en contacto con su madre de forma mental y de corazón y le dijera que le había llegado su mensaje, que la estaba muy agradecida y que le decía que ella también la amaba y que, como ella, tampoco había sabido en vida expresar ese amor que, en realidad, la profesaba.

Por otro lado, le dijeron que una vez hubiera hecho esto con su madre, cuando fuera a visitar a la paloma, le dijera mentalmente, (los animales son muy telepáticos) que había entendido su mensaje, y que ya lo había cumplido, que gracias, por su sacrificio en ponerse mala para hacérselo entender, y que ya se podía poner buena, porque el mensaje había quedado entendido y realizado.

Los Maestros aseguraron: si lo hace así, la paloma sanará y el próximo lunes (todo esto pasó el sábado) le darán el alta.

Yo, tal cual, le transmití a esta chica toda la información y recomendaciones que le daban los Maestros.

El lunes me llama esta chica y me dice que el mismo sábado, se puso hacer todo tal cual le recomendaron los Maestros, y que cuando ese lunes fue a visitar a su paloma (lo hacía todos los días de la semana que estuvo ingresada), la veterinaria recibió a mi amiga con el alta de su paloma, que no daba crédito a esa recuperación tan repentina.

Fue una recuperación espectacular.

Esta experiencia, me mostró una vez más, el Propósito de estos compañeros que llegan a nuestra vida, no sólo en este caso, lo que le quedó pendiente a la madre, sino también a la hija.

Esta paloma constató con su enfermedad y sanación que, sí, que hay un camino abierto de conexión con nuestros seres queridos que partieron y que desde aquí podemos ayudarles a liberar cosas pendientes, para liberar a su Alma y que sigan su camino sin atrasos, y también a liberar a los que quedan, de esas cosas pendientes, que creemos que al morir la persona con la que hay que arreglar «cosas», ya no estamos a tiempo.

Esta experiencia, me enseñó que nada tiene fin, y que no hay barreras, que esas barreras o limitaciones están en nuestra mal educada mente, y en creencias implantadas desde la ignorancia.

Estas experiencias son rompedoras de toda esa parafernalia creada para limitar, desvirtuar nuestras capacidades y el buen hacer de estos cómplices de Luz en nuestra vida.

Este Ser mensajero, también pudo cumplir su Propósito, gracias a esa apertura de mente y corazón de mi amiga, y así liberar el Alma de la madre y el corazón de la hija.

Gracias.

CAPÍTULO XVII

Fidelidad

En ESTE CASO, nuestro amigo, quiso cumplir con su Propósito llegando a una maravillosa familia, porque tenía que darles un importante mensaje.

En este capítulo, nadie desencarna, pero es interesante abordar los comportamientos de nuestros amigos, hermanos de Luz, que no sólo vienen a guiarnos a través de la enfermedad, sino también con sus conductas sorprendentes, poco o nada habituales en ellos.

Me llamó una joven que había perdido a su perrita, era una perrita que nunca se escapaba, y siempre estaba con su familia.

Un día abrieron la puerta de la calle, y sin saber cómo, ni porqué, la perrita salió de la casa, calle abajo.

Qué decir, el disgusto de la familia, que enseguida empezó a buscarla y a colgar carteles por toda la zona de su casa, anuncios en redes, etc.

Al cabo de dos días de su «escapada», esta chica me llamó, ya que no había tenido buenos resultados de su búsqueda, y aún continuaba desaparecida, y me pidió, a ver si yo recibiría alguna información, le dije que preguntaría a mis Maestros y que ya le diría algo.

Al poco rato contacté con mis Maestros para que me facilitaran la información que esa chica necesitaba, y que si había algo que hacer para que esa perrita apareciera.

Los Maestros me trasladaron la siguiente información, con ese toque reflexivo, que tienen:

Me dijeron, primero qué significa perro: Fidelidad

Qué mensaje quiere dar ese ser a su familia con esa conducta que nunca había tenido y ¿por qué en ese momento?

El escaparse por la puerta que se abrió, significa, que hay un descuido que puede resultar fatal, ella (la perrita) ya les está diciendo que ese descuido provoca una huida fuera de casa, que hay algo que se va, por ese descuido.

El mensaje que dan los Maestros a esta familia, es que hay un problema de infidelidad, que hay ese peligro, que un descuido puede producir pérdida.

Los Maestros, también dijeron que la habían cogido de la calle, al haberse perdido, otra familia y recomendaron que esta chica (la «dueña») hiciera un trabajo mental (ya hemos dicho, que los animales son altamente telepáticos) y que le dijera mentalmente a su perrita, que había comprendido el mensaje, que podía volver a casa, que se pondría manos a la obra, y que ella ya podía volver.

Los Maestros dijeron, si hace esto, este mensaje telepático llegará a la perrita, y ésta al «saber» que su huida había tenido el fruto esperado (aunque la perrita no fuera consciente, pero sí su Alma, su Propósito), empezará a ladrar y a tener un comportamiento insoportable con la familia que la había recogido, y esta familia se apresuraría a devolverla a su dueña.

Este fue el mensaje que transmití a esta chica. Ella me dijo que haría todo lo que los Maestros la recomendaron para recuperarla y nos despedimos.

Al cabo de unos dos o tres días, me escribió esa chica agradeciendo la información, ya que, sí, su perrita se puso insoportable con esa familia, y ésta al ver los carteles y la publicidad que publicó su mami para encontrar a su perrita, decidieron devolverla, y me comentó que, además, tendría muy en cuenta la razón por la que su querida perrita se marchó, cuando nunca lo había hecho.

Esta experiencia, muestra una vez más la importancia de estar muy al tanto de la comunicación que quieren compartir con nosotros estos amigos fieles e inseparables.

Debemos estar muy atentos a esa comunicación, que a veces no entendemos y creemos que tienen conductas infantiles e impulsivas o de aprovechar un descuido, el Propósito que vino a cumplir esa perrita fue el avisar, que un descuido podía tener consecuencias irreparables, por lo que detrás de esa actitud aparentemente irreflexiva o instintiva, se escondía un importante mensaje.

CAPÍTULO XVIII

Yo sí te entiendo

EN ESTE CAPÍTULO comentaré una experiencia que tuve con un caballo, aquí se trata también, de constatar las comunicaciones que nos perdemos con los animales si los arrinconamos como esos seres que no entienden y que se mueven sólo por instinto, y no desde la comprensión y el sentimiento.

Un día de un lejano verano, fui con una amiga a una hípica en un pueblo costero, a montar, por primera vez.

Llegamos a la hípica y a mí me tocó un caballo enorme, era altísimo, hasta el punto, que tuvo el personal de la hípica que ayudarme a montar.

Una vez arriba, íbamos en esa excursión el guía, mi amiga y yo.

En un principio, todo bien, pero luego se puso a llover, y ni corto, ni perezoso el guía dijo que él no se mojaba y que se volvía a las cuadras. Mi amiga y yo que no éramos, para nada unas expertas, le dijimos que no nos podía dejar solas, y que además no sabíamos volver, él, oídos sordos y se marchó galopando, no al trote, no, galopando.

Mi amiga sabía un poco más que yo, ya había montado otras veces, y se fue apañando para volver, pero no tenía la suficiente pericia para ayudarme, yo le dije que me esperara, pero ella no sabía manejarse demasiado, total, que también se fue y me quedé en medio de un bosque con precipicios que rayaban el pequeño camino en el que me encontraba, y para más inri ya empezaba a oscurecer, qué decir, estaba aterrada, no sabía el camino de vuelta.

En aquella época, no tenía tan clara la comunicación con los animales, pero tenía en esos tiempos muchos perros grandes y por eso no me asusté, porque estaba acostumbrada a convivir con animales.

El caballo quieto, esperando que yo le guiara, o le diera alguna orden, yo sin saber qué hacer, el miedo me envolvía y encima cada vez se hacía más de noche, y en ese momento recordé, que con mis perros cuando les hablaba, ellos me entendían, así que probé suerte con este caballo, y le dije en voz alta: (aún no era consciente de la telepatía),» mira, estoy aterrada y no sé volver, quieres guiar tú, por favor?».

Observé que cuando le hablaba, movió las orejas para atrás y comprendí que me había entendido.

De pronto, el caballo muy despacio me sacó de aquel acantilado, luego, en uno de los tramos del recorrido atravesaba una carretera, con coches circulando en ambas direcciones, yo cuando vi que se acercaba a esa carretera, se me pasó de momento la tranquilidad que había alcanzado al ver que el caballo me había entendido, mi sorpresa fue nuevamente el temple del caballo (ya que yo ni sabía cómo pararle, ni dirigirle), él se paró, ya os digo, yo no sabía cómo manejar las riendas, y esperó a que la carretera se despejara, llegamos luego a una encrucijada, se abrían dos caminos, él se paró y yo le dije en voz alta : « querido amigo, no sé cuál coger, decide tú».

Él, con la misma parsimonia, se movió eligiendo uno de los caminos y luego, al cabo de un buen rato ya de noche cerrada, llegamos a las cuadras.

Allí está mi amiga y el guía bien «sequito».

Esta experiencia me enseñó, que cuando te pones en manos de un animal (Alma noble), y le pides ayuda, no sólo te entiende perfectamente, sino que, además, es generoso, paciente y muy cuidadoso.

Entendí, que mi miedo le hizo compadecerse de la situación, y en vez de correr hacia la cuadra, él sí sabía cómo volver, esperó pacientemente a que yo decidiera qué camino tomar, a pesar de que él sabía el correcto.

Esto muestra, una vez más, la grandeza del Alma de estos animales, que son honestos, humildes, serviciales, empáticos (enseguida captó mi ineptitud y miedo), a cambio de nada.

Por eso, es muy importante que los reconozcamos por lo que son, no por lo que nos han querido hacer creer, son Seres en Alto Servicio para nuestro bien, protección y seguridad.

Nuevamente, gracias amigos, hermanos.

CAPÍTULO XIX

Aún no es mi hora

En ESTE CAPÍTULO, compartiré con vosotros otra experiencia aleccionadora y a muy a tener en cuenta, por el bien de estos angelitos que aterrizan en nuestras vidas.

Este caso, se refiera a una bóxer que recogimos en un centro que acogen animales, su nombre era Yara.

El anterior dueño, era un chico, nosotros no lo conocíamos, pero la dueña del centro nos comentó que la perrita tenía cinco años y que tenía una conexión muy fuerte con ese chico, lo adoraba, pero que, por circunstancias de la vida, no podía seguir teniéndola, a pesar del amor que sentía por ella, no sólo él, sino toda su familia.

Bueno, pensé, ya se hará a nosotros y la invitamos a ser parte de nuestra familia.

En verdad, tenía pasión por los chicos jóvenes, cuando veía unos vaqueros que llevaba algún chico, ella le miraba esperanzada de que ese fuera su dueño, que venía recogerla, estaba realmente traumatizada.

Esa actitud era clarísima, Yara no nos había aceptado como su nueva familia, no reconocía la portería, nunca quería entrar en casa, en fin, se sentía a la fuerza, su deseo, que no escondía, era que la viniera a «rescatar» su anterior «dueño».

Pasaron los años, era una perrita muy buena y se llevaba muy bien con la cocker spaniel Alki, que hacía las delicias de la casa, pero Yara seguía igual, se portaba bien, pero siempre con esa tristeza, que no escondía.

Al cabo de unos cinco años, más o menos, Yara tuvo un «clic» cuando se acercó a ella en la calle un chico para tocarla y jugar con ella, al poco de juguetear con ese chico, la noté un cambio, de pronto dejó de querer jugar con él y se colocó en medio de mi hermana y yo, fue en ella un comportamiento rarísimo, pero clarificador; ahí, en ese momento, Yara entró de verdad en nuestra familia, nos aceptó, su comportamiento era el mismo, pero con un toque de alegría y conexión más profundo.

Pasaron los años y por un accidente, Yara se dio un mal golpe con el canto de una mesa jugando, a partir de ahí, le salió un bulto encima del ojo, a la altura de la ceja, y pasados varios meses desarrolló un cáncer, cada vez el bulto era más grande, y no se podía operar por el lugar dónde estaba, había demasiado riesgo.

Y así estuvo unos meses más, hasta que llegó al punto, ya que el bulto le supuraba y era caso más grande que su cara, los veterinarios nos recomendaron sacrificarla.

Ella no se quejaba, sí se la veía molesta, y también notamos que no le gustaba salir a la calle, porque se daba cuenta que todo el mundo la miraba como si fuera un monstruo, la verdad, es que impresionaba, entonces, procurábamos sacarla en lugares donde no hubiera tanta concurrencia.

Un día estaban unos amigos en casa y a la hora de cenar se tocó el tema de ponerle la inyección a Yara, nuestros amigos con la mejor intención, nos aconsejaron que lo hiciéramos por el bien de ella y el nuestro, ya que sufríamos todos mucho.

La cosa quedó que al día siguiente iríamos al veterinario.

Mi hermana y yo nos metimos en nuestra habitación y Yara estaba en la cama con nosotras, entonces yo le dije a mi hermana que no estaba muy segura de llevar al día siguiente a Yara al veterinario, que veía que comía, bebía y salía a pasear, por lo que si comía y bebía, yo entendía que aún Yara quería seguir viviendo, y en ese momento, dijimos: « No, no la llevaremos mañana al veterinario, Yara seguirá con nosotras».

De repente Yara que estaba, o parecía medio adormilada, saltó encima nuestro lamiéndonos como loca la cara, las manos, se puso a brincar encima de la cama, como si fuera un cachorro que le daban un juguete. Fue impresionante esa reacción. Con ello, nos agradecía el dejarla vivir y no sesgar aún su vida.

Pasó más o menos una semana, y ella nos indicó, con ese dejar de comer y beber que ya estaba preparada, podía andar, pero ella se arrastraba queriéndonos decir, que lo que tenía que hacer ya lo había hecho y que ya quería partir.

Al día siguiente (pasó muy mala noche), la llevamos al veterinario, se veía en ella paz, agradecimiento por haber comprendido siempre sus sentimientos, por haberla amado tanto y por darle el tiempo de vida que aún necesitaba.

Bien, qué nos muestra esta experiencia, que los animales tienen también un tiempo de vida, un Propósito, vino a mostrarnos que amo mucho a su primera familia, pero que eso no la impidió amarnos a nosotros después.

Vino a aprender y a enseñar que el Amor siempre da segundas oportunidades.

Y nos mostró, que cuando un animal necesita un tiempo de vida, aunque las circunstancias médicas no lo aconsejen, hay que saber escuchar, observar conscientemente, ver la actitud del enfermo y no caer en ese error, de creer que el animal sufre y hay que evitar ese sufrimiento, porque a veces su talante álmico necesita un tiempo más para rematar lo que sea que ha venido a hacer, es por eso muy importante, ver su comportamiento, observar si come, si bebe, si anda , si es así, es que aún no está preparado para partir, darle ese tiempo, y después despedirle con mucho amor y gratitud.

CAPÍTULO XX

Una Luz en nuestra vida
Nuestro Escudo Protector

Este capítulo, os hablará de un gatito, muy, muy bueno, un Alma en pleno servicio, como veréis a continuación.

Un primero de agosto de hace 10 años, nos colocaron en la casa un cachorro de gato, esos típicos rubios y blancos, estaba encima de una repisa del garaje, vaya por delante, que ya el lugar no era accesible para un cachorro tan pequeño, era imposible que él sólo hubiera podido subir ahí, ni era esa repisa accesible desde la calle, es decir, que su llegada fue del todo, nada normal.

Lo cogimos y lo metimos en casa, no tendría más de un mes, estaba sucio y lleno de bichitos, lo pusimos en el lavabo con un peluche para que le diera calor, por si le recordaba a su madre, le pusimos allí porque teníamos entonces una perrita, una gatita y una carolina, y como estaba con bichitos, preferimos apartarlo, por si acaso, no contagiara a los demás, hasta que al día siguiente lo lleváramos al veterinario para limpiarlo y desparasitarle.

Nos sorprendió lo bueno que era, en toda la noche ni rascó la puerta, ni maulló. Cuando al día siguiente lo fuimos a buscar para darle de comer y llevarlo al veterinario, lo encontramos tal cual lo habíamos dejado la noche anterior, acurrucadito en el peluche, cuando nos vio hizo por levantarse y venir hacia nosotras, estaba muy débil.

Lo llevamos al veterinario, lo desparasitó, le pinchó y para casa.

Al llegar, la perrita se le puso a dar besitos, el cachorro hizo como si mamara y la perrita le dejó encantada.

Ya la misma noche que llegó, decidimos que formaría parte de la familia y le llamamos Sombra.

Pasó el tiempo, él era un gato muy sano, juguetón, amoroso, era un regalo, pero la verdad, aún no sabíamos hasta que punto.

Una noche de fin de año, Sombra, tenía ya un año y medio, de repente, sin razón alguna, se puso en un rincón, con la carita de encontrarse muy mal, pensamos en llevarlo al veterinario de guardia, porque el gato no reaccionaba a nada, y cada vez se ponía más malo, cómo era la madrugada del uno de enero, tuvimos algún problema para llevarlo de urgencias, al final pudimos dejarle ingresado todo el sábado y domingo, fuimos a recogerlo el lunes, el veterinario de guardia nos dijo que le había puesto suero, antibióticos y que parecía que estaba mejor.

Nos lo llevamos a casa, no muy convencidas de ese diagnóstico, al gato se le veía que seguía encontrándose mal, y esa misma mañana lo llevamos a otro veterinario, que era en realidad el nuestro (pero él no hacía urgencias, ni guardias), por eso de urgencias lo llevamos a otra clínica, este veterinario, nada más verlo, le palpó y nos dijo, tiene una obstrucción intestinal muy fuerte, hay que operarle de urgencia, le preguntamos si él operaba y nos dijo que este tipo de operaciones tan fuertes, él no las hacía, pero que corriéramos , que era urgente.

Le volvimos a llevar a aquella clínica y pedimos que nos atendiera el veterinario que ya conocíamos desde hace tiempo en esa clínica y ya sabíamos por experiencia, que operaba muy bien, le explicamos que habíamos traído de urgencias a Sombra ese fin de semana a su clínica, y que el veterinario de urgencias le había dado el alta, pero que el gato seguía encontrándose mal.

Él lo oscultó, le hizo una radiografía y nos dijo que sí, que era muy urgente operarlo ya, y se lo quedaron para operarle al cabo de media hora (la cosa, realmente era muy urgente).

Una vez le hubieron operado, el veterinario nos dijo que al abrirle había encontrado algo inaudito en un gato, cómo era posible que se hubiera tragado una alfombra, veinte flecos de unos doce centímetros de largo, y nos pidió permiso para presentar este caso en convenciones y conferencias, y sí, le dimos permiso.

Nosotras, lógicamente, conocemos a Sombra y es un gato que nunca se come nada y mucho menos veinte flecos de unos doce centímetros de largo de una alfombra, aquí, ya empezamos a ver que había «gato encerrado», y nunca mejor dicho.

Pregunté a mis Maestros el porqué de todo esto, qué es lo que había pasado, y me dijeron que nos habían hecho un mal de ojo a muerte, y que Sombra había venido para hacer de escudo, para evitar que esas energías tóxicas nos hicieran daño, él se puso por medio, aquí quedó muy claro, su Propósito de vida, vino literalmente a salvarnos.

Le dimos las gracias y le cuidamos para que se restableciera de esa operación.

Al cabo de poco tiempo, noté que Sombra no quería vivir, estaba como deprimido, comía con desgana, no tenía ganas de jugar, estaba tristón.

Le hice enseguida un Rescate del Alma, a este trabajo pueden acceder personas, animales e incluso plantas y árboles, es un trabajo que escanea tu interior en profundidad, y te dice lo que sientes, de dónde te viene, te hace una sanación, te reconecta con tu Alma, y te dice como mantener en la vida diaria esa sanación con unas sencillas recomendaciones.

Cuando este trabajo se hace a un animal, así como cuando se hace a una persona se la explica todo verbalmente, al animal no es necesario porque son telepáticos y muy sensibles a este trabajo, la sanación y las recomendaciones las atienden y entienden perfectamente, lo absorben sorprendentemente muy rápido, es muy efectivo.

Bien, hice este trabajo a Sombra, y llegados al Alma, (este trabajo trabaja varias áreas), la información que recibí, es que Sombra ya no quería estar en este plano, que se aburría, que él quería ser un ser muy grande, no ese pequeño minino, y que quería hacer grandes cosas, esto era lo que a Sombra le entristecía, y esa frustración se afincó en su sentir.

En el trabajo, su Señora (un Ser de Luz que le guía y protege) le hace entender todo a nivel telepático: que su misión, su importante misión era salvarnos la vida (otras dos Almas en proceso de evolución), y que él lo había hecho muy bien, que si quería marchar, se le concedería, pero si se quedaba, su vida seguiría transcurriendo de la misma manera (no podía salir de la casa, por los peligros de la calle, los coches, etc.).

Se le hizo el trabajo y Sombra a nivel energético-álmico, decidió quedarse un tiempo más.

Ese mal de ojo, quedó liberado gracias a él.

Al cabo de un par de años, Sombra tuvo una infección de oídos y le llevamos a la veterinaria, que lo trató, pero hay aquí que decir que desde que le operaron, Sombra se ponía aún peor si pisaba una clínica.

O sea, que además del dolor de oídos, se complicaba el hecho de pisar el veterinario, total, la veterinaria ve que tiene un tapón enorme y que hay que sacárselo, primero le pondría unas gotas para deshacérselo, y reblandecerselo, salimos y yendo para casa el gato empieza a dar unos gritos desgarradores en plana calle, llamo a la veterinaria y le digo que acabando de salir de su consulta el gato presenta este cuadro, ella me dice que no puede hacer nada y que lo lleve a una clínica.

Y vuelta a esa clínica dónde le operaron hacía ya un tiempo, en esa clínica nos dicen que lo tienen que ingresar, les replicamos que no, que Sombra no soporta estar ingresado, que desde la operación se pone fatal cuando entra en una clínica, y qué decir, si además lo ingresan, pero el veterinario nos dice que no hay opción, que tiene que estar en observación, que se lo tienen que quedar por lo menos una noche, que ya nos irían avisando de su evolución, con gran pena lo dejamos ahí, sabíamos que para Sombra era algo insoportable, pero ¿qué hacer?.

Yo a la mañana siguiente, muy temprano, no estaba tranquila, ya había perdido la confianza en los veterinarios, y volví a hacerle un Rescate del Alma.

Cuando llegué al Alma, sí, era lo que sospechaba, Sombra había cogido otra depresión con las consiguientes ganas de marchar.

En el trabajo sale como la Señora y su Alma, le dicen lo mismo, si quieres, te vas, tu misión, tu plan ya lo has hecho, pero si decides quedarte, la vida será tal cual la conoces.

Después del trabajo, serían las cinco de la mañana, pregunte a mis Maestros si Sombra saldría para adelante o se marcharía.

Los Maestros me contestaron que no podían decirme nada en concreto, porque justo ahora que lo preguntaba, Sombra estaba en ese momento crucial del libre albedrío, de decidir si se quedaba o no, que Ellos no me podían responder.

Insistí, me dijeron lo mismo, pero me aseguraron: si decide no marchar, saldrá de esta crisis tan fuerte.

Acto seguido y angustiada les pregunté, si aunque saliera de la crisis tendría consecuencias, y me dijeron: si sale, no habrá ninguna consecuencia, y te lo dejaran llevar a casa esta misma mañana.

Quedamos con la clínica, que a la mañana siguiente de haberlo dejado ingresado, hacia las nueve de la mañana, nos llamarían y nos dirían el estado de Sombra, o si no había pasado la noche, o si se lo quedarían más tiempo, o si ya nos lo podíamos llevar a casa.

Cuando sonó el teléfono a las nueve horas, treinta minutos de la mañana, nuestro corazón bombeaba a mil por hora. Nos dijeron que tranquilas, que Sombra había pasado bien la noche y que ya podíamos pasar a recogerlo, les dijimos que pasaríamos hacia las trece horas de esa misma mañana.

Qué alegría!! No cabíamos en nosotras.

A las trece horas , tal como quedamos, fuimos a buscarlo, la mar de contentas, cuando llegamos nos hacen pasar a la consulta y nos visita otra veterinaria, muy maja, se la veía comprometida, nos informa que ahora nos traerían a Sombra, pero que nos tiene que decir una cosa, al verle la expresión, nos asustamos, y al vernos inquietas ,nos tranquiliza y nos dice que Sombra ha pasado esta crisis (no sabían de qué le venía, nosotras sí, sabíamos que venía de esa toma de decisión de irse o quedarse), pero se ha quedado ciego y epiléptico, que le iría haciendo un seguimiento, pero que así estaban las cosas, un poco más y ahí mismo, me da un sincope, mi hermana casi se desmaya... pero, cómo es posible!... pensó, los Maestros no se equivocan... y nos han dicho que si sale de ésta, no habrían consecuencias...! horroroso!!

Le pusimos las manos delante de sus ojos, los tenía completamente negros y sí, ninguna reacción,... cómo es posible!

Mi hermana pensó, no puede ser, si los Maestros han dicho que no habría consecuencias, no las puede haber, y con esa angustia y desazón nos lo llevamos a casa.

Mientras mi hermana subió a casa, yo fui a dejar el coche en el garaje, ya nos veíamos inmersas en un buen panorama...! pero, no podía ser...!

Cuando llegué a casa, me dice mi hermana que llame a Sombra... llámale! le llamo y viene directo hacia mí, sus ojos estaban otra vez verdes, su caminar seguro, vino corriendo hacia mí, la veterinaria nos dijo, que durante un tiempo no le expusiéramos al sol, porque le haría mucho daño, yo, al ver la reacción de Sombra, le abrí el balcón, hacía un día super luminoso, y pensé, a ver si tolera el sol... y sí!, el gato estaba en perfecto estado, antes de que yo llegara a casa, mi hermana ya comprobó enseguida esta sorprendente recuperación, no era ni más, ni menos, que Sombra había decidido junto a su Alma seguir compartiendo su vida con nosotras.

La historia de Sombra, tiene tela! Porque aún sigue.

Pasado un tiempo, se le volvió a reproducir el tapón en el oído, y además dejó de comer, sin motivo alguno y lo llevamos con gran pesar al veterinario (ya sabíamos que reacción tendría Sombra), la veterinaria aconsejó sacar ese tapón porque era muy grueso.

Dejamos a Sombra en la consulta porque le tenía que anestesiar, para podérselo sacar, para abreviar, pasaré a la reacción de Sombra ante todo esto, el tapón se lo sacaron, pero Sombra volvió a entrar en crisis, no soporta las consultas, ni a los veterinarios, total, que se puso malísimo, le hicieron radiografías, un tac, en resumen, no sabían lo que tenía, porqué había dejado de comer y tenía el vientre tan hinchado, nosotras pensamos, ya estamos otra vez...!

Después de todas las pruebas, la veterinaria nos aconsejó que lo ingresáramos de urgencias en una clínica de una población cercana, ya que ella no podía hacer nada más, lo preparó todo para que cuando llegáramos a esa clínica nos atendieran y le ingresaran rápidamente, ella les envió todas las pruebas que le habían hecho.

Llegamos a la clínica y lo ingresan, con todos los antecedentes que la veterinaria ya les había remitido, pruebas, análisis, etc. y que había llegado a la conclusión, que la barriga la tenía tan hinchada porque había retenido mucho aire, pero que no sabía de dónde venía, ni cómo sacárselo.

Preguntamos a la clínica que pensaban hacer y nos dicen que cuando llegara el veterinario jefe, lo abrirían e irían apretando órgano por órgano, a ver de dónde salía ese aire, que parecía le hinchaba tanto la barriga, ya nos pusimos a llorar, nos pareció un protocolo atroz, pero en esos momentos, no sabíamos que hacer y con más pesar del que podéis imaginar dejamos que lo ingresaran.

Nos dijeron que le pondrían suero y lo dicho, cuando viniera el veterinario jefe al día siguiente o al otro, lo operarían.

Nos fuimos a casa, y mi hermana al día siguiente me dice, oye, pregunta a los Maestros, que esto que quieren hacer a mí no me deja convencida, pregunta qué debemos hacer, si le dejamos que le operen, si vamos a verle esta tarde, o qué.

Y así los hice, todavía no me había puesto y los Maestros me dicen: «Sacarlo de ahí ya, sacarlo ya».

Llamamos corriendo a la clínica y les decimos que nos lo hemos pensado y que ahora pasaríamos a recoger a Sombra. La veterinaria que nos atiende por teléfono nos dice que ni hablar, que hasta que no venga el médico jefe, el gato no sale de la clínica, insistimos y nos dicen que no, que en todo caso llamemos por la tarde.

Preguntamos a los Maestros que qué hacíamos y nos dicen: «Presentaros por sorpresa por la tarde en la clínica, sin llamar previamente y os lo traéis», nos acompañaron unos amigos muy queridos, tanto el día anterior, como este día. A las dieciséis horas nos ponemos en marcha y al llegar a la clínica, era en pleno covid, sólo me dejaron entrar a mí, y me dicen que el gato no me lo dan, que tenía que haber llamado, yo me pongo un poco borde, y le digo que el gato es mío y que sí o también me lo llevo ya.

La chica me dice que vale, pero que como no he avisado tardará en prepararlo, y que supiera que el gato aún no había comido nada y que estaba en muy mal estado, le digo que me da igual, que me lo llevo esté como esté.

Me invita a sentarme y dice que espere, que tardará, le digo que no tengo prisa.

Mi hermana y nuestros amigos esperando en el coche, y yo en la sala de espera, pasó una hora y la chica cuando bajaba de la planta de arriba (Sombra estaba en la planta de arriba, y yo prácticamente en recepción) me decía, aún tardará, tenemos mucho trabajo!, le digo que tranquila, que espero.

Entonces aprovecho y telepáticamente conecto con Sombra, que estaba en la planta de arriba, la clínica es muy grande, y mentalmente le digo: «Sombra, tranquilo, estamos aquí abajo, venimos a rescatarte, a llevarte a casa, come aunque sea un poquito, para que no me pongan más pegas, estamos aquí, te queremos mucho y pronto estarás en casa.»

Al cabo de una media hora, baja una chica y de pasada me dice que el Sombra había comido un poquito, le pregunto qué cuanto hace de eso y me dice que una media hora más o menos.

Wuauu!, el Sombra me había oído, también mi hermana y nuestros amigos desde el coche conectaban con él, para que mejorara.

Al cabo de otra hora, bajan al Sombra en su bolsa portátil, me lo entregan, y en lo que preparan los papeles para el alta voluntaria, noto que Sombra quiere salir de la bolsa, le noto contento, juguetón, le saco y le llevo en brazos, empieza a juguetear con un colgante que yo llevaba, cuando le llevo al coche de nuestros amigos, él no quiere meterse en la bolsa y sigue con esa actitud juguetona y simpática, típica de él.

Llegamos a casa y enseguida se pone a jugar con la perrita, va a la cocina, hace sus necesidades, bebe, le damos de comer, come, juega, en fin, cómo si no hubiera pasado nada, la barriga se le deshinchó, como si nada, mis amigos, no daban crédito, porque habían seguido todo este sorprendente e increíble proceso, mágico, aleccionador.

Ahora sigue con nosotras, feliz, sano, juguetón y muy cariñoso.

Qué nos dice todo esto, estas experiencias con Sombra.

Primero, que es un Ser en servicio, nos hizo de escudo protector «tragando» esa proyección de energías tóxicas, malévolas, y cobardes.

Te hace ver que tiene un Alma que le dirige, protege y mira por sus intereses, concediéndole, si lo pide, dispensa para poder quedarse, le hace saber para qué ha venido y a nosotras también.

Te muestra como el mundo espiritual, energético es poderoso, como superar, en algunos casos, en Sombra, es patente, los diagnósticos convencionales, como su conexión con las personas es una Realidad, si las personas sabemos ver a estos ángeles, compañeros, amigos, hermanos, como lo que Son, Seres de Luz, cómplices de nuestra evolución, de nuestra protección, son Maestros en el arte del Servicio, Entrega, Amor, no piden nada, no exigen nada, sólo dan, dan y dan, y si los sabemos entender, esa conexión nos enriquece a nosotros, y les hace felices a ellos, porque se sienten parte de ti, de tu Propósito, de su Plan, porque les permites que también evolucionen desde ese Plan ejecutado, cumplido, no sólo para tu bien, sino también para el de ellos.

Somos todos Almas en aprendizaje, entrega, somos paladines del Amor, en pleno autoconocimiento y gratitud a esos otros Seres que nos acompañan, guían y protegen, si lo sabemos apreciar como se merecen.

Gracias Maestros, amigos, hermanos.

CAPÍTULO XXI

¿Dónde estoy?

En este capítulo, abordaremos ese paso de vida, al desencarnar y pasar por ese famoso túnel, que muchas personas han experimentado en ese tránsito después de la muerte.

La protagonista de esta experiencia es una pastor alemán, Simba que formaba parte de mi familia.

Era una perrita juguetona, simpática, se llevaba muy bien con los otros perros que vivían con nosotros. Tuvo una vida tranquila, por suerte no tuvo dolencias que nos hicieran ir de acá para allá, estaba muy sana.

Pero su final no fue tranquilo, murió no sabemos exactamente de qué (un cáncer? no sabemos), la tenía que pinchar cada día, su proceso fue doloroso y largo. Y llegó el día en que marchó.

Al cabo de un tiempo, no mucho, quizás un par de meses más o menos, asistí a un curso de energía, y una de las materias que se daban era tomar conciencia de qué pasaba una vez se desencarna.

El curso era para personas, y sólo trataba de personas.

La profesora nos indicó que hiciéramos un ejercicio de meditación y que nos proyectáramos en un ser querido fallecido.

En aquella época, para mí el ser más cercano que había fallecido era Simba, así que pensé en ella, en dónde estaría y cómo, yo antes no había experimentado nada de esto, ni había tenido aún ese contacto tan directo y consciente con mis Maestros, no obstante, de pronto en ese ejercicio y pensando en Simba, la vi, sí la vi perdida en un túnel oscuro, ella iba caminando deprisa, pero en su mirada había miedo, desasosiego, estaba perdida, pero no podía dejar de caminar. Me conectó su miedo, su angustia, me di cuenta que ese túnel «tiene tela», que es un recorrido al que tienes que estar preparado, para que no te pase como aquel chico, que quedó atascado en ese túnel, cuya experiencia ya os compartí en el capítulo XI, al igual que le estaba pasando a Simba.

¿Por qué os comparto esta experiencia?

Para que nos demos cuenta, que al igual que aquí, teniendo cuerpo físico, allí seguimos vivos, nos llevamos el miedo, la angustia, la pena, por eso, debemos ser muy conscientes de prepararnos desde aquí, en cómo queremos que sea nuestro viaje, y cómo podemos ayudar a nuestros seres queridos que partieron, para facilitarles ese tránsito que sea lo más corto y satisfactorio posible, tanto en personas, como en animales.

Esta experiencia, me enseñó que sigues vivo, (cuerpo emocional, mental, etérico, álmico) aún en el otro lado.

Simba me conectó todo su desasosiego, ese sentirse perdido.

Si desde aquí, no te preparas, para dar ese paso inevitable, incuestionable, te anclas en ese desasosiego.

Simba, me abrió un campo de conocimientos muy enriquecedores, porque ya la muerte no la vi, como algo que se acaba y ya está, sino como una continuación de ti, un caminar más allá de lo que las creencias te han hecho creer.

La Realidad de allá, es tan tangible como la de acá. Las emociones, los sentimientos, la comunicación no se corta, está ahí para el que la quiera aprovechar.

Fue muy aleccionador y sorprendente para mí, ya que, no sólo debemos prepararnos nosotros para ese viaje, sino que debemos preparar a nuestros hijos, padres, así también a nuestros animales, como me mostró Simba.

¿Cómo?

En el siguiente capítulo os da una clara, preciosa y alentadora historia, al hilo de todo esto.

CAPÍTULO XXII

Gracias

ESTE RELATO HACE muy poco que pasó, se trata de nuestra perrita Jana, una cocker de lo más simpática, guapa, juguetona, es la que crió prácticamente a Sombra, su hermanito.

Jana, desde siempre ha tenido problemas digestivos, era muy propensa a la gastritis, a veces, galopante, pero con un antibiótico se le pasaba de inmediato, y ala! otra vez a jugar y a comer, era una comilona por demás.

Hace poco, a punto de cumplir los trece años, notamos que había tenido un bajón, pero pensamos, bueno, ya entra en esa edad, en que se empiezan a notar esas recaídas, pero como estaba muy sana y juguetona, no nos pareció alarmante, ni mucho menos. Tuvo otra indigestión, y lo de siempre, el antibiótico y listos.

Pero al cabo de un mes, se la notaba que ya no perseguía la comida, ya no hacía «guardia» en la cocina, mientras hacíamos la comida, eso nos extrañó, nunca lo había hecho, ya no nos perseguía cuando íbamos a la cocina, como una posesa esperando a ver si «caía algo», que siempre caía, eso nos alertó un poco, pero cuando le poníamos de comer, comía, entonces pensamos, debe ser este calor asfixiante que nos está «machacando» estos días y seguimos tranquilas.

Pasados unos pocos días, ya no le apetecía comer, lo dejaba prácticamente todo, eso sí que ya era alarmante. ¡Que la Jana no quiera comer! eso es lo no visto y nos empezamos a preocupar.

La llevamos enseguida al veterinario, la trató de gastritis, la puso lo de siempre y para casa. Pero esta vez, Jana no recuperaba, y seguía sin comer, lo que sí hacía era beber mucha agua.

La volvimos a llevar al veterinario y nos dio un tratamiento a base de antibióticos, y nos dijo que eso la tendría que poner bien, la replicamos, y si sigue sin comer ¿qué hacemos?, nos dijo, en este caso tendréis que ingresarla.

En fin, qué decir que Jana continuaba sin comer, aunque si bebía mucho, llevaba ya una semana sin comer. Cómo teníamos que ir a Barcelona, aprovechamos nuestra estancia allí y la llevamos a la veterinaria que la trataba en Barcelona, tan profesional como la que hasta ahora nos había atendido en el pueblo, todo hay que decirlo, la llevamos el tratamiento, los análisis de la otra veterinaria y los medicamentos que nos había recetado, la observó, la visitó y nos dijo que se la dejáramos para ponerle suero, y aprovecharía para ponerle los medicamentos que le habían recetado, ya que a Jana no había forma de hacérselos tomar, y se vería a ver si con esa sesión de suero, la perrita reaccionaría.

Yo, entre tanto, visto el panorama y que Jana seguía sin comer, pregunté a mis Maestros, si Jana saldría de esto, porque los veterinarios no sabían exactamente qué es lo que le pasaba… podía ser hígado,…podía ser intestino…podía ser…, nada en concreto.

Mis Guías me dijeron que Jana estaba haciendo un proceso de elección, les pregunté si su Alma ya la llamaba para desencarnar, y me dijeron que sí, que estaba en ese proceso de elegir si se quedaba, en ese caso le darían dispensa (permiso) o en otro caso, se quería ya ir.

Jana, también vino hacer un trabajo muy bonito con nosotras, a nivel de Amor, que completó enseguida, nada más llegar a casa ya supimos a lo que había venido, o sea su Propósito, por ello, su Plan ya se había completado hacía muchos años.

Volvemos a ese momento de elección de Jana, los Maestros ya me adelantaron, esto era un lunes, que Jana decidiría, si se iba o quedaba a más tardar, al otro sábado o domingo.

A raíz de esta información, decidí hacer a Jana un Rescate del Alma, para ver si este trabajo la ayudaría de una forma u otra.

El trabajo fue muy bonito, cuando llegué a la parte del Alma, ésta se me representó como una bola dorada que jugueteaba con un perrito (Jana), y este perrito seguía a esa bola dorada jugueteando, corriendo tras ella.

Despúes de hacerle el Rescate, pregunté a los Maestros, si para ayudarla aún más, pedía para ella una sesión de medicina cuántica, a mí esta forma de tratar me curó un aneurisma, me recuperó los brazos, es decir, yo ya la había probado con excelentes resultados, e incluso a Jana y a Sombra años atrás también probaron esta ciencia con resultados satisfactorios, es por eso que se me ocurrió preguntar si podíamos tratarla a través de esta medicina.

Los Maestros me dijeron, que en esos momentos no, que esperara un par de días. Bien, entretanto íbamos llevando a Jana cada día a que la pusieran suero, ya que seguía sin comer, pero parecía que los medicamentos que la ponían y el suero, no le hacían el efecto deseado.

Por lo que, al cabo de dos días, la veterinaria nos dijo que ella, ya no podía hacer nada más, que lo único que ya se podía hacer era ingresarla en una clínica para que la hicieran más pruebas, puesto que Jana no remontaba.

La dijimos que el ingresarla en una clínica lo descartábamos por completo, le dimos las gracias y nos fuimos a casa con Jana que seguía sin comer, aunque sí, seguía bebiendo mucha agua.

Yo pensé, si bebe es que aún hay esperanza, aún no ha tirado la toalla.

Contacté con mis Maestros otra vez, y les pedí si era factible, ahora ya, pasar a la medicina cuántica, me dijeron que sí, ahora sí.

Es curioso lo que es el Universo, como si te dejas llevar, te va guiando por el camino correcto, si estás al tanto.

Pedí hora, ya era jueves, le hizo la médica un tratamiento energético muy bonito y otro trabajo espiritual.

Después al día siguiente, le trató con la máquina y la miró a nivel físico y le pedí que sobre todo, le tratara el aura. Cuando a mí me trataba, después de tratarme a nivel físico, siempre le pido que me mire el aura, es espectacular!

La trató y me mandó la foto del aura de Jana, os muestro dos fotografías de su aura, como podéis ver, es una aura muy limpia y clara, sus chacras representados por los colores rojo, amarillo, verde, la figura que representa la persona o animal de ese aura es de color rosado (Jana era todo Amor), el color azul que representa la fuerza y el poder que la sostienen, y observar que en la fotografía dónde la figura está de frente, se puede ver a su izquierda arriba, una especie de entrada de color oscuro, pregunté a mis Maestros que significaba ese color oscuro a su izquierda, y me dijeron que era ese principio de túnel que empieza a hacerse visible para la persona o animal que va a desencarnar.

Les pregunté, si eso ya indicaba su próxima partida, y me dijeron que Ellos no podían informar, ni interferir en el Plan de su Alma, pero sí, insistían que a más tardar, el domingo o lunes siguiente, ya se habría decidido el tema, o salía de ese estado o partía.

Durante estos pocos días, Jana tuvo un comportamiento extraño, diría yo, muy particular, estábamos en Barcelona, y se ponía en la casa en lugares que antes nunca había estado, se ponía horas en el balcón, luego en la galería, antes durante toda su vida esos lugares nunca la llamaron la atención.

Pasaron un par de días más, y ya estábamos en sábado, y tuve un no sé qué, yo no estaba bien, y le dije a mi hermana que quería ir a la casa de fuera, que, en Barcelona, me ahogaba, que necesitaba irme, ella me comentó que tenía la misma sensación, y nos fuimos a la otra casa.

Curiosamente, Jana que seguía sin comer, y bebiendo mucho, sin embargo, a pesar de su estado, en toda su convalecencia se levantaba para hacer sus necesidades, nunca se lo hizo encima, se esforzaba por no manchar.

Cuando llegó a la casa, la bañamos, notamos que el baño la sentó bien, se la veía que se sentía limpita.

Llegó el domingo, y se pasó toda la tarde del domingo yendo a sitios de la casa que siempre le habían gustado, el césped, al lado del coche (le encantaba ir en coche), detrás de una maceta que siempre se ponía, y lo curioso, es que a pesar de llevar más de diez días sin comer, no se quedó delgadita, y tenía fuerzas para ir de acá para allá, subir y bajar escaleras.

Pocas horas después, comprendimos que lo que estaba haciendo en las dos casas, era despedirse de esos lugares.

Después al caer la tarde, hacía las veinte horas quiso ir a un rincón de la casa dónde se ponía siempre para dormir y al cabo de dos horas murió.

Se la veía en paz, tranquila, sin sufrimiento, he de decir que en todo el proceso no sufrió, se la veía apagada, dejadita, pero sin dolor.

Cuando me acerqué a besarla, noté que su cuerpo era un trozo duro de algo ya vacío, noté claramente, que su Alma ya no estaba y ella tampoco. Normalmente, noto en los difuntos si están ahí, o se quieren comunicar, siempre por regla general noto algo, por muy poco que sea, algo imperceptible, pero lo identifico, sin embargo, Jana no, ya no había nada en ese precioso cuerpecito.

Pregunté a mis Guías, cual había sido el proceso de Jana, cómo estaba su Alma y si teníamos que hacer nosotras algo para ayudarla en su viaje.

Nos dijeron que no, que todo lo que habíamos vivido en estos últimos doce o trece días, a Jana le sirvió para completar su trabajo de purificación aquí, que se había llevado el trabajo hecho, que ya había traspasado todo lo necesario para llegar directamente a la Luz, les pregunté que dónde estaba en esos momentos , nada más partir, y me dijeron que estaba en una Sala de Preparación Álmica, que ya había pasado en este corto tiempo (desde su partida, al día siguiente, que yo pregunté) muchas puertas, que la habíamos ayudado, limpiando su aura, respetando su proceso de marcha en vida, amándola, que se sintió muy amada y acompañada.

Les pregunté si debíamos hacer desde aquí, algo más por ella, y nos dijeron: todo lo que teníais que hacer ya está hecho, nos dieron las gracias por haber seguido al pie de la letra sus recomendaciones y tener muy claro lo que Jana necesitó en cada momento de su vida y de su partida, y además nos dijeron, no la lloréis, ella ya no está, no está, llorareis a algo que ya está en Pura Luz. Gracias.

Os he querido compartir esta experiencia, que aunque dicho sea de paso, nos hubiera gustado tener a Jana aún unos años más, nos queda la satisfacción de haber ayudado conscientemente a un Alma hacer su recorrido final con éxito y haber facilitado la consecución de su Plan, (debido a que sabíamos desde un principio la razón por la que entró en nuestra casa).

Esto nos muestra una vez más, que todos, todos somos Almas en diferentes estadios, procesos para alcanzar ese Fin Último, que es la Liberación de nuestra Alma, de nuestro Espíritu, abriendo, por fin, nuestras mentes y corazones y siendo muy conscientes, de que la muerte no es un final, sino otro comienzo, y que desde aquí, podemos contactar allí, que nada muere, ni siquiera nuestra relación con esos viajeros que debieron apearse, pero no por ello, desparecer de nuestras vidas, ni de nuestros corazones.

Mientras los amemos, jamás morirán.

Por eso, cuando parte un ser querido, persona o animal, decir un hasta luego, desde el agradecimiento, no desde el desconsuelo que se siente, lógicamente, pero es importante no transmitírselo, sino dejarlo ir, ayudarle a completar su paso temporal por este mundo y desde ese agradecimiento, liberarlo de quedarse anclado aquí, a vosotros no os beneficia y a él, le impide seguir adelante, demostrarle agradecimiento y generosidad, y sentir un profundo Amor por él, si le ancláis en vuestra pena, o vuestra culpa, interceptáis su proceso y aún creyendo que vuestra pena demuestra amor, no es así, porque esa pena emponzoña su Alma e interrumpe su proceso.

Ser conscientes que la muerte, es un paso más hacia la Luz que os espera allí y os atiende, protege y guía aquí, no hay distancia.

Que el que parte, se lleve vuestro Amor y agradecimiento, no le ancléis en vuestro dolor.

Si os afincáis en la pena por su pérdida, le atáis, le encadenáis, le priváis de la libertad que ha alcanzado en su partida, él ya ha hecho su trabajo, felicitarle por ello, y aplicaros en amar desde la libertad a todos, no el sufrimiento que encadena, no sólo a vosotros, sino también a ellos.

El mayor acto de Amor es, Liberaros, desde la Liberación, sois todos Almas en proceso de expansión, no os encalléis en esa errónea creencia de pérdida.

Todas las experiencias que comparte este libro, os dicen que nada se acaba, es sólo un paso más para todos.

Os amamos!

Los Maestros.

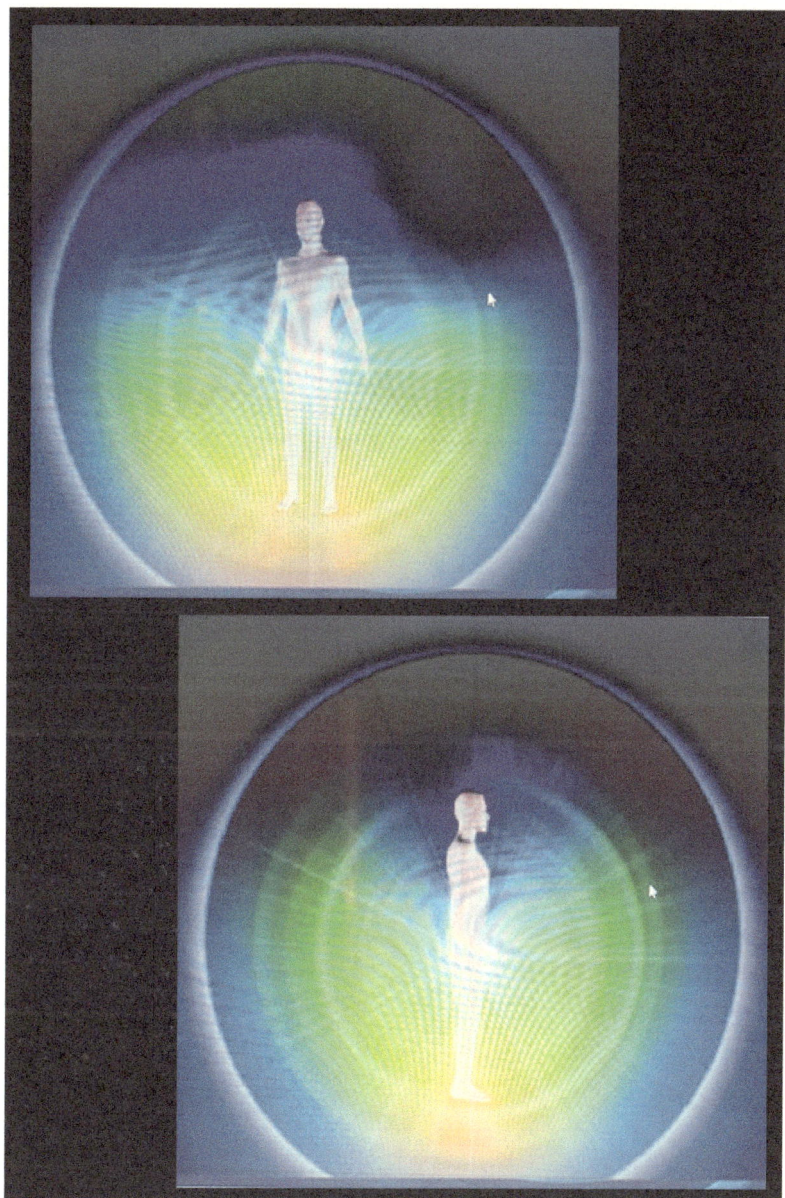

DEDICATORIA A ESOS AMADOS SERES QUE PARTIERON DE NUESTRO LADO

«MIGRACIÓN»

HACE POCO VI un video de migración de mariposas, otro de aves, así cada año, vemos, observamos esas bandadas de pájaros, que migran para pasar los inviernos a salvo, recorren miles y miles de kilómetros para llegar a destino, a esa «casa» que los protegerá, los pondrá a buen recaudo de los vientos y el frío del invierno.

Cuando ves este maravilloso espectáculo de todas esas aves que surcan los cielos todos a una, son como una gran mancha, que según el giro que dan todos a la vez, forman dibujos en el cielo, es muy curiosa y espectacular esa visión.

Al recordar nuevamente este baile migratorio, me viene a la cabeza, cuando se dice que no existe la muerte, que es un cambio de frecuencia, de lugar, que la persona, animal o planta que «muere», no lo hace tal como generación tras generación nos han inculcado.

Ahora, al observar esa migración de las aves, se me asemeja mucho a esa migración que hacen la Almas de esas personas, animales, que salen de esas zonas (cuerpo), y migran para ponerse a salvo, para pasar un buen invierno allí dónde otros lares (la Luz) les acoge y cobija.

Al ver volar ahora a esas aves, me imagino ese baile compuesto por esas Almas de personas, animales, conocidos o no, que se dirigen al unísono a ese lugar de cobijo, a salvo, de todo lo que ya no les toca vivir.

Me reconforta esta visión de la migración del Alma de personas u otros seres muy queridos, ya no lo veo como una pérdida irreparable y dolorosa, ahora lo veo con otros ojos, con otra perspectiva, ya no me apenaré tanto por su marcha, migración, los observaré como a esas mariposas, a esas aves migratorias que ya han vivido en esos lugares (tierra), dónde ya el tiempo les hace comprender sabiamente que se pongan a salvo en otros lugares, dónde el Sol, el calor y el Amor son su morada, la que ahora toca, la que les toca vivir.

Cuando un ser querido se vaya, no volveré a verlo como una pérdida que causa dolor, sino como a esa mariposa o ave migratoria que decide, porque el tiempo así se lo indica, migrar a otro lugar más seguro, más adecuado a lo que su naturaleza y necesidad vital necesita.

Ya no veré esa pérdida como una muerte, sino como esa migración de esa parte de ella, tan valiosa que no se pierde, no desaparece, sino que se instala en otro lugar, a salvo de lo que ya no le toca experimentar.

Muchas personas se preguntan, ¿hay algo después de la muerte?

Y ahora lo sé, sí, hay ese otro lugar tan vívido como éste, dónde se establecen esas Almas, partes sempiternas de esos seres queridos, que deciden ponerse a salvo de lo que ya no toca seguir experimentando.

He llegado a la conclusión y certeza, de que no morimos, sólo migramos a otro lugar, dónde nuestra Alma se pone a buen recaudo, dejando a tras ese invierno, que a veces, toca vivir en esta existencia.

Cuando un ser querido haya hecho su camino y su Alma decide migrar, mira al cielo y procura ver esa mancha, como esas migraciones que hacen esos pájaros y siente, como al igual que la mariposa marcha a otros lugares, dónde les espera el Amor, el cobijo y la Luz de otro hogar dónde acurrucarse.

Os amamos!

Los Maestros.

ÍNDICE

Esta
REIMPRESIÓN
DE *Cómo contactar con
tus seres fallecidos,* DE HE-
LENA VILÀ GONZÁLEZ, HA SIDO
IMPRESA CON PAPEL AHUESADO,
DE 80 GRAMOS. SE HA UTILIZADO
LA TIPOGRAFÍA GARAMOND PRO. SE
TERMINÓ DE IMPRIMIR EN QUA-
RES, EN EL MES DE ABRIL DEL AÑO
2025.